个人理财

GeRen LiCai

主　编　李永健
副主编　吴晓辉

山东友谊出版社
Shandong Friendship Publishing House

序　言

招商银行济南分行组织几个年轻人编撰了一本《个人理财》手册，这是一件非常好的事情。他们请我写个序言，我就欣然答应下来了。

中国发展到今天，取得了举世瞩目的伟大成就，居民财富也实现了快速增长。但有一个问题还没有解决好，就是居民财富的增长速度与国民经济的发展速度不太吻合，这个问题跟国民收入分配制度有关，同时跟居民理财意识不强、理财渠道不宽也有关。有一项统计，当前我国居民财产性收入（即投资理财收入）仅占总收入的2%左右，而发达国家已占到40%以上。从中可见我们的差距，这也反映出我们通过理财方式增加居民财富的空间十分广阔。

最近召开的中国共产党第十七届五中全会，提出了关于制定经济社会发展第十二个五年规划的建议。有关专家解读，“十二五”规划大有深意，其与此前规划有一个本质区别，即是由图谋“国强”转向了着重追求“民富”。追求民富，无外乎两条主要通道：一是调整国民收入分配制度，增加居民工作性收入；二是拓宽民间投资渠道，提高居民财产性收入。对于普通人而言，要想积累较多的财富，并使积累的财富不断增长，学会理财是非常重要的。

理财是一种观念，也是一门学问。常言道“吃不穷，穿不穷，算计不到就受穷”。这里面即蕴含着一种基本的理财观。这句话在以前主要指的是精打细算，合理安排生活开支，现在引申一下，也可以指通过投资理财，使财富像源源不绝的泉水，逐渐形成一个大蓄水池，支撑起自己高质量的生活，并把财富传递给子孙后代。我们中国还有句老话，叫做“富不过三代”，其实这句话在全世界都通用，其中的主要原因也在于不能持续合理地打理财富，最终使财富丧失殆尽，反观那些保持基业不倒的家族和企业，都是深谙理财之道并一代代传承下来的。所以说，不会理财，钱就是“死”钱，还会随着通货膨胀而萎缩，花起来就捉襟见肘，底气不足；善于理财，钱是“活”钱，并会随着时间推移而增加，花起来便游刃有余，心中踏实。

随着经济市场化程度的日渐提高，当前我们国家已经打开了很多帮助居民投资理财的渠道，也已经有很多人借助这些渠道赢取了财富。《个人理财》这本手册对我国居民现有的居民理财渠道一一作了详细介绍，还提供了很多投资方法和操作技巧，我翻阅了一下，感到很实用，并且通俗易懂。因此我愿意向大家推荐这本手册，希望大家能够从中得到启发和帮助，也衷心祝愿大家能够通过科学理财的方式，实现个人财富的不断增长。

12. 4

（作者为山东省金融工作办公室主任）

目录 Contents

第一章　让理财成为生活中的一部分

“理财”一词，在我国最早见诸 20 世纪 90 年代初期的报端。随着我国股票债券市场的扩容，商业银行、零售业务的日趋丰富和国民总体收入的逐年上升，“理财”这一概念逐渐走俏。

一、什么是理财

财富的意义，对每一个现代人来说都有着切身的感受，而对财富的理解、追求、享受和升华，亦是我们人生喜怒哀乐的重要部分。如何对待手中的财富，令其保值增值，已经不再是简单的数字问题，更表明了一个人的智慧和胸襟，还有他对生活的态度。基于此，“理财”，这个 20 世纪 90 年代初方在中国出现的词汇，渐渐融入到我们的生活中。在当今社会，理财的观念已经得到了越来越多人的认同，一个人无论是否有钱，都需要理财。用多余的财富去投资股票、基金、保险、外汇、房地产等等，以赚取更多的财富是人们对理财最朴实的理解。理财不是为了解决财务方面的燃眉之急，而是通过各种投资方式对我们的人生进行完善的、及早的规划，合理安排资源，从而有效预防人生风险，达到财富目标的最重要的途径。

理财，永远是一种思维方法，而不是简单的技巧，真正的理财规划是通过对个人财富资源的有效管理和投入组合达到人生不同阶段的目标，理财应是对财富与风险的综合管理。

二、 为什么要理财

理财真的能对我们的生活产生巨大的影响吗？理财能为我们积累财富提供怎样的帮助，规避怎样的风险呢？让我们先来看一个故事吧。

小王和小李大学毕业后一同分到了某电脑公司做程序开发员，两人学历一样，收入相同，但两个人的理财观念却大相径庭。小王的理财思路比较灵活。前些年股市红火，小王利用懂电脑的优势，学习投资知识及股市操作方法，常常研究 K 线、D 线，平常攒的 10 万元投入了股市。一年多下来，他的股票市值就升到了 30 万元。后来他见股指涨幅太大，各种技术数据也显示风险降临，便果断平仓。这时，单位附近正好开发了一条商业街，因为当时股市红火，所以购房者寥寥无几，最后房产商不得不将现房降价销售，小王便用这 30 万元钱买了套沿街商业房。3 年时间下来，他的沿街房已经升值到了 60 万元。后来，他见房地产价格已经见顶，立即将房产出手，把 60 万元全部买成了某某开放式基金，一年多的时间又实现了 30% 的盈利，60 万元成了 78 万元。前段时间他买了一套带阁楼的房子和一辆家庭轿车，并娶了单位里最漂亮的女孩，小日子过得让人羡慕不已。

而小李在理财上十分保守，刚毕业那两年他的积蓄和小张不相上下，为了稳妥起见，他一直把积蓄存入银行，满足于每年坐收利息。可他没有考虑货币的贬值因素，当时银行一年期定期储蓄的年利率为3.60%，扣除5%利息税，实际存款利率只有3.42%，如果以年均CPI（全国居民消费价格总水平指数）4%计算，一年期存款的实际利率为3.42% －4% ＝－0.58%。也就是说，小李的积蓄在不断“负增长”。所以直到现在，小李在单位仍然属于“穷人”，别说买私车洋房，买辆自行车还得考虑半天呢！

从这个小故事可以看出，负利率这只“看不见的手”，它让不善理财者尽尝通胀带来的苦果，辛辛苦苦积攒的家财不但没有增值反而贬了值。而善于理财者，则让他们尽享负利率带来的“房产升值”等理财果实，从而使自己的钱像滚雪球一样实现快速增值。如果“穷人”不改变理财思路，继续保守理财的话，那还是会应验那句经典之言：让贫者越贫，让富者越富！

在理财领域有一句话叫“你不理财，财不理你”，实际是指对理财的用心程度将直接影响到您的理财收益。如果加上“马太效应”的规律（“少的就让他更少，多的就让他更多”），可以估算到您理财的结果将对您最终生活造成多大影响。

因此，在生活中要树立正确的理财观念，养成良好的理财习惯。我们应从以下几个方面做起：

1. 增强自制力，养成良好的理财习惯。理财是有前提的，首先是要改变消费习惯。否则，钱都花光了，还用理什么财呢？现在的上班族，比较注重生活质量，从考究的装扮、细心的保养到惬意的休闲活动，这些无不需要钱来支撑。而且这些消费大多数都是在刷卡中流失的，大家根本感受不到钱被花掉了，总是要到月底才发现没钱可花。想要有财可理，建议首先改变先消费后储蓄的习惯。

改变理财习惯可以从几个方面来做：(1) 有意识地强化自己追求财富的目标。(2) 每个月坚持先储蓄或投资后再消费。对自己每个月的必要开支做一个估计，再算出理想情况下应有的结余资金，然后采取零存整取、基金定投等方式，在这种有些强制性的习惯下，就可以有效地在计划时间内积累财富。(3) 改变消费习惯。①量入为出，适度消费：一方面，消费支出应该与自己的收入相适应，自己的收入既包括当前的收入水平，也包括对未来收入的预期，也就是要考虑收入能力这个动态因素。②避免盲从，理性消费：首先，在消费中注意避免盲目从众。盲目从众是消费中常见的一种消费心理现象，也是对普通消费者影响最大的一种消费心理现象。因为，人们的消费行为始终受到消费心理的影响，例如从众心理、攀比心理等，并且这些心理往往相互联系，共同影响人们的消费。因此，在消费中我们要尽量避免一些不健康的消费心理的影响，坚持从个人实际需要出发，理性消费。其次，要尽量避免情绪化消费。它是个人消费受到情绪的影响，而作出不理智的消费选择的现象。往往是心血来潮，一时头脑不冷静，事后发现这种消费选择并不适合自己的需要。因此，在消费时，要注意保持冷静。

在改变消费习惯之后，寻找一个适合自己的理财模式也是很重要的。如果不了解自己的需求，盲目跟从朋友、亲戚进行相同的投资或理财活动，事实上往往会因采取了不当的理财模式而造成财务危机。人生的每个阶段都将面对不同的挑战，所以财务需求亦不同，所适合的理财心态和方式也不同。

2. 了解自己的性格特点，选择适合自己的理财投资方式。根据现代心理学的划分，人的性格大体分为四种类型：活泼型、力量型、完美型以及和平型。不同的性格塑造不同的人生，性格决定命运。当我们看到某个人在某个方面取得成功的时候，总是不由自主地发出一声感慨："他天生就是那块料。"其实这里指的"料"，明显说的就是其个人所具备的某种天赋。当然，正如伟大的发明家爱迪生所说的："天才是百分之九十九的汗水加上百分之一的灵感。"但一个人要想取得成功，灵感来源的基础是对其所从事的事情有着炽热的追求和兴趣偏好，才能摸索出成熟的规律，灵感才可能产生，机遇才可能光临。

任何事情都是这样，理财又何尝不是如此？当我们选择某种理财产品进行投资时，首先想到的是其风险收益特征，自身的风险承受度。这也是理财专家经常告诫我们的：一定要根据自身的投资偏好和风险承受度，来选择自身需求的理财产品。但投资偏好的形成，并非一日之功，而是一个长期习惯培养和性格磨练的过程。风险偏好投资者，让其选择低风险的理财产品，明显不能激起其强烈的理财欲望，因为懒于钻研，所以难以成功。相反，风险厌恶型投资者，由于没有良好的心理素质及对风险的正确估计和认识，反而更容易受情绪影响而导致失败，造成理财中的不和谐音，主要原因也是他们的性格使然。当性格发展遇到阻碍时，有利的投资机会反而更容易丧失。了解自己的理财性格，是做好个人理财规划的第一步，从而为走上财务自由的阳光大道打好基础。

3. 注意复利的魅力，理财要趁早。说到投资理财，复利是必须提到的。生活中很多人都知道省吃俭用，但听说过复利的人不多。自从资本出现以后，复利就是资本增值最重要的武器。复利被称为世界上第八大奇迹一点儿也不夸张，我们也许在学校学过复利的公式，但在生活中的最大用途可能没有人告诉我们。

这里给出一张复利表（见表1）。

表1　复利表

利率	2%	7%	10%	15%	20%	22%	24.8%	30%	35%
第一年	1.02	1.07	1.10	1.15	1.20	1.22	1.248	1.30	1.35
第二年	1.04	1.14	1.21	1.32	1.44	1.49	1.56	1.69	1.82
第三年	1.06	1.22	1.33	1.52	1.73	1.82	1.94	2.20	2.46
第四年	1.08	1.31	1.46	1.74	2.07	2.21	2.42	2.85	3.32
第五年	1.10	1.40	1.61	2.01	2.49	2.70	3.02	3.71	4.48
第十年	1.22	1.96	2.60	4.04	6.19	7.30	9.16	13.78	20.00

复利的意义就是把投资的利润继续投资产生更多的利润。如表1所示，如果每年的利率是10%，第一年本利和为1.10，那么第一年的利润为0.10；第二年的投入成本为1.10，第二年年底的本利和就是1.21。我们平时在银行里存入的定期存款都是单利，如果年利率为10%，那么每年的利息为0.10，10年的利息为1，本利和为2，而不是我们表格上给出的2.60。购买的长期国债也是一样的，每年支付利息，也是单利的。通过比较简单的10年复利和单利，复利为1.60，单利为1.00，复利比单利高出60%，威力已经显示出来了吧！

复利表说明了以下几个问题：第一，时间越长，由于增长率不同，带来的差别就越大。比如15%和20%，每年相差5%，10年以后累计差别达到190%，接近两倍［（4.04－1）/（2.60－1）=190%］。第二，不管利率高低，只要时间足够长，增长的数字都是十分惊人的。这些结果在实际生活中都是十分有用的。

由于复利公式中时间因素很重要，这就要求我们有尽量多的时间进行投资。没有人知道自己的寿命是多少，但是我们可以争取尽早进行投资，股神巴菲特就是14岁开始投资股票的，26岁时就积累了一笔不小的财富。试想如果您14岁就有了1万元人民币进行投资，每年以15%的速度增长，那么24岁大学毕业后不久就已经有了4.04万元；如果以每年20%的速度增长，那么24岁时就有了6.19万元。而这时候同龄的大学毕业生可能储蓄还是零，您自己一方面有了资本和投资收益，另一方面有了很多投资经验，可以帮您以后继续创造财富，是不是已经遥遥领先于同龄的年轻人了？

既然理财如此重要，那我们应该如何理财呢？

三、　如何进行理财

一生能够积累多少财富，不取决于您能赚多少钱，而取决于您如何投资理财。钱找钱胜过人找钱，要懂得钱为您工作，而不是您为钱工作。

——沃伦·巴菲特

因此越来越多的人会问一个问题：我知道理财的重要性，也确实很需要它，但是我如何开始呢？

有一位成功人士曾经说过：“如果一个人从现在开始每年存1.4万元，如果他每年所存下来的钱都投资到股票或房地产，因而获得每年20%的投资回报率，那么40年后，按照财务学计算年金的方式：1.4万（1+20%）^40，财富会成长为一亿零二百八十一万元。”这个人就是李嘉诚。下面就让我们一起来看看李嘉诚是怎样成功的？

1. 由零开始，白手起家

李嘉诚几乎是人们心目中成功富豪的典范。然而历数李嘉诚几次重大的赚钱交易，却发现这位被称为“财技之神”的财技谋略家，喜欢人弃我取，逆境取胜。

1967年的香港，地产、股票市场大跌，许多富豪世家纷纷移民，廉价变卖家产物业。此时李嘉诚大举挺进，趁低购买大量地皮、旧楼和厂房，令自己的事业出现了关键性的转折。

1981年，香港前途问题再次令港人面临重大的信心危机，股价、楼价大跌，移民成了香港人最时髦的选择。李嘉诚却再次逆潮而涌动，非但没有撤离香港，反而大举投资。1982年，李嘉诚旗下的和记黄埔（和黄）成功从英资手中夺得港灯控股权；1984年中英联合声明草签前，李嘉诚宣布投资40亿港元兴建大型屋村。

1999年是香港人难熬的一年，金融风暴的打击令许多亚洲富豪身家大跌，甚至退出世界富豪的榜位。李嘉诚正是在此逆境中，率领两个儿子，一门三杰冲锋陷阵，打了一场又一场商场硬仗，成为世纪末低迷的香港商界一道耀眼的风景。

2. 李嘉诚的理财之道是什么

打拼了50年，致富成功的李嘉诚对成功的看法有独到的见解。他说：“在20岁之前，事业上的成功百分之百是靠勤劳换来；20至30岁之间，事业已有些基础，这10年的成功，10%

是运气好，90%仍是勤劳得来；30岁之后，机会的比率也渐渐提高；到现在，运气差不多要占三至四成了。”理财致富也是如此，20岁以前，所有的钱都是靠勤劳换来的；20至30岁之间是努力赚钱和存钱的时候；30岁以后，投资理财的重要性逐渐提高；到中年时赚的钱已不重要，反而是如何管钱比较重要。李嘉诚一生都在为他的财富奋斗，想要成为有钱人，就必须有足够的耐心。

许多听过李嘉诚演讲的人，经常会提出同样的疑问：“一年存1.4万元就能成为亿万富翁，的确让人印象深刻。可是依您的方法要等40年，实在让人不起劲!”“要40年才能成为亿万富翁。搞不好已经白骨一堆了，要亿万元做什么?”“您是否可传授一些快速理财致富的秘诀?”

40年，连李嘉诚自己都觉得实在是太久了。李嘉诚确实曾花了一番工夫对这个问题进行深入研究。研究的结果是：理财必须花费长久的时间，短时间是看不出效果的。同时一个人想要通过理财而快速致富，可以说是一点儿指望也没有。

如果一个人从现在开始，每年年底存1.4万元，并且每年存下的钱都能投资到股票或房地产，因而获得每年平均20%的投资回报率，我们已经知道，40年后财富会长成1.0281亿元。现在试问10年后他能积累多少财富？大部分人认为报酬这么高，经过10年的积累，少说也应该有500万元，甚至有人猜1000万，最保守的人则猜100万。同样，这又是一个令人惊异的答案：36万元!

同样报酬率为20%，每年1.4万元，经过40年的理财结果是1.0281亿元；而经过10年却只积累36万元，令人难以置信!

两者相差300余倍！

10年是多久？10年是8年抗战加两年。经过10年的奋斗，才只有30余万元，怎么不叫人心灰意冷呢？这正是投资理财致富过程中必然遭遇的无奈。理财者必须了解理财活动是“马拉松竞赛”，而非“百米冲刺”，比的是耐力而不是爆发力。投资理财想要致富，其先决条件就是时间，而且是漫长的时间。您必须经过一段非常漫长时期的等待，才可以看出结果。

3. 看清李嘉诚

李嘉诚曾说：“要成为领袖，基本素质一定要有。要清楚，无论从事什么行业，都要比竞争对手做好一点。就像奥运赛跑一样，只要快1/10秒就会赢。”他以自己的经历为例，接着说：“我年轻打工时，一般人每天工作8小时到9小时，而我每天工作16小时。这样除了对公司有好处外，我个人得益更大，这样就可以比别人多赢一点。面对今天如此激烈的竞争，这一点更加重要。只要肯努力一点，就可以赢多一点。”

很多成功人士身上都笼罩着层层迷雾。要看清李嘉诚，仔细算算就可以发现，李嘉诚每一个小时的工作利用多少资源？收益是多少？如果工作8个小时让他仅仅成为富翁的话，另外的8个小时才让他成为超人。为什么？因为另外8个小时的工作成本是忽略不计的。试想，如果李嘉诚每小时动用1000万的资源赚回来10万，8小时赚回来80万，这样他也许仅仅是个富翁。如果工作16个小时，他赚回来的就是160万。一天多80万，一年就多赚近3个亿，50年就多150个亿，而且这150亿就相当于没有成本。这样一看，他的财富秘密也可见一斑。

也许您会说，对于财富积累李嘉诚有着非同寻常的头脑，不是像我这样的普通人能做到的。那么让我们再来看这样一则寓言故事吧。

有这样四个人结伴出游，他们分别是固执人、马大哈、懒惰者和机灵鬼，走着走着他们在一片大沙漠中迷了路，这时他们身上带的水已经喝光了，正当四个人面临死神威胁时，上帝出现了，带来四个杯子，四个杯子中有一个是没有底儿的，有两个盛了半杯脏水，只有一个杯子是拿来就能用的。上帝将四个杯子送给他们，同时还带来一场大雨。

固执人得到的是那个拿来就能用的好杯子，但当时他已经绝望至极，固执地认为即使喝了水，他们也走不出沙漠，所以下雨时，他干脆把杯口朝下，拒绝接水。马大哈得到的是没有底儿的坏杯子，由于他做事太马虎，根本就没有发现自己的杯子是坏的，结果下雨的时候杯子一滴水也没有接到。懒惰者拿到的是一个盛有脏水的杯子，但他懒得将脏水倒掉，下雨时继续用它接水，虽然很快接满了，可他将这杯被污染的水喝下后却得了急症，不久便不治而亡。机灵鬼得到的也是一个盛有脏水的杯子，他先将脏水倒掉，重新接了一杯干净的雨水，最后只有他自己平安地走出了沙漠。

这个寓言不仅蕴含“性格决定命运”的道理，也揭示了当前人们投资理财观念和方式的问题。

受传统观念的影响，许多人就跟故事中的固执人一样，将银行储蓄一条路走到黑，拒绝接受其他新的理财方式，导致理财收益难以抵御物价上涨，造成了财富的贬值。有的人如同故事中的马大哈一样，只知道不停赚钱，却忽视了对财富的打理，最终因股票等的操作失误导致了财富的缩水乃至血本无归。有的人则与故事中的懒惰者一样，虽然注重收入的打理，但对原有的不良理财方式却懒得重新调整，抱着侥幸心理，导致潜在的风险没有得到排除，结果影响了整体的理财收益。我们要做故事中的机灵鬼，注重将有风险、收益低的投资项目进行整理，将脏水先倒掉，然后将杯口向上，去积极接受新的理财方式，从而取得更好的理财收益。

那么，当我们摒弃固执、马虎、懒惰等等所有理财陋习之后，应如何理财呢？

理财的核心目标是合理分配资产和投入，最终达到财务自由的境界，既要考虑财富的积累，又要考虑财富的保障；既要为获利而投资，又要对风险进行管理和控制；既包括投资理财，又包括生活理财。理财规划涉及人生目标的方方面面，构成一个理财规划体系。因此，个人理财首先要保证满足自己正常的生活需要，其次是对剩余财产进行合理安排，合理划分生活开支与可投资资产。

此时您应该寻找一位专业的理财师。俗话说，术业有专攻。若能借助专业、熟悉理财的理财师，在投资理财过程中予以指导，投资者就能少走弯路，及早有所收获。现在让我们来总结一下理财过程以及需要注意的事项。

第一步，调整理财心态，回顾自己的资产状况。包括已有资产和未来收入的预期，知道有多少财可以理，这是最基本的前提。最好是在专业理财人员的指导下，完成您的资产负债表（表2）及年度日常收支表（表3）信息的填写，同时给出财务诊断，进而指出需要改进之处。

表 2　资产负债表　　　　单位：元

资产		负债	
金融资产		贷款	
银行存款		个人住房贷款	
债券		其他贷款	
股票			
外汇			
基金			
实物资产			
房屋			
车辆			
债权			
总资产			
净资产	总资产—总负债		

表 3　年度日常收支表　　　　单位：元

收入		支出	
项目	金额	项目	金额
工资收入		生活支出	
:		:	
:		:	
总收入		总支出	
净收入	总收入—总支出		

第二步，设定理财目标。需要从具体的时间、金额和对目标的描述等来定性和定量地理清理财目标。

理财的最终目标是追求幸福，在提出理财目标的时候要根据自身的实际状况，理性、适度地提出目标，不能提出一些不切实际、难以达到的目标和要求，否则将严重影响自己的幸福感。有些人在提出理财目标时，要求一年资产能够增值50%，而且所承担的风险要小。这种需求在现实生活中显然是不切实际的，很难达到。合理的理财目标应该是可望也可及的，虽然有一定的难度，但经过努力是完全可以实现的。这样的理财目标要根据当前各相关市场的实际收益和风险状况来制定，比如只想获得稳定的收益、不愿冒任何风险时，那就要以一年期银行定期存款利息作为理财收益参考目标，提出稍高于这一基准的理财收益目标，而不要将股票市场的收益和风险作为参考，制定预期收益目标和风险控制目标。只有建立在市场实际收益和风险控制基础上的理财目标才是有可能实现的、切合实际的目标。理财所追求的目标：抓住今天的快乐，规避明天的风险，追逐未来生活得更加快乐。

在理财需求方面应列明各种具体目标，以及计划达到目标的时间，以便您的理财师进行合理性分析，确定多少资金用于各类保险、多少用于子女教育的定期定投、多少用于养老金的储备等等，为理财方案的制订及实施奠定基础。

下面我们看一个理财案例。

［客户情况］陈先生，40岁，机械工程师，在民企工作，儿子读初中。

［资产状况］陈先生每月工资3000元，妻子工资1000元，在单位均已买了社保和医保。有一处房出租，租金每月3400元，银行存款约7万元。现和父母同住，现住的房子亦是农村宅基地的自建房。父母年逾古稀，母亲享受农村医保和每月几百元的分红。家庭每月的开支约3000元，未买其他保险。

［理财需求］打算10年后买楼或将现住房改建；应如何理财，才能确保买楼、供孩子读大学和奉养老人？

案例分析：

该客户的现金流入每月为7400元，每月开支为3000元，剩余4400元，上有老下有小，压力都不小。孩子初中，很快将结束义务教育，进入自费教育阶段，老人随着年龄的增长相应的医疗开支会增加。根据中期理财需求和长期理财需求，分析如下：

1. 孩子教育，普通高中学费约5000元/年，大学15000元/年，由于高中学校相对目前家庭收入而言压力不大，主要储备大学费用，假设在国内完成高校学习，每年5%的学费增长率，则需在孩子高中毕业时储备教育费用80000元。储备时间约为5年。

2. 购房或自建房的费用，这位客户没有详细提供想购房的地点及金额，按现佛山平均单价4300元/平方米计算，120平方米约需款项52万元。后10年间房价按5%的幅度增长，10年后约为85万元。如果自建房现价800～1000元/平方米，假设建200平方米，则需费用20万元。10年后，按5%的增幅，则约为33万元。

3. 除此外，这个客户还需考虑的另一个问题是退休养老费用、医疗费用。社保只能保持基本的生活需要，如要保持高质量的生活则需另行安排，以房收租养老固然是一个不错的选择，但仍要准备一些流动性资金以保安全。

第三步，了解自己风险偏好，结合财务状况及合理的理财目标，定制资产配置方案。您属于哪种类型的投资者——保守型、稳健型、激进型——是通过较为完善的风险属性评估表量化分析得出的，具有相对的客观性。同时不要作不考虑任何客观情况的风险偏好的假设，比如说很多人把钱全部放在股市里，没有考虑到父母、子女，没有考虑到家庭责任，这个时候他的风险偏好偏离了他能够承受的范围。一般情况下不同风险偏好的投资者可按照以下不同比例进行资产配置：

表4　资产配置方案

投资者类型	权益类资产	债券/保本类固定收益保障类	存款
激进型投资者	30% ~80%	30% ~40%	0% ~30%
稳健型投资者	30% ~50%	60% ~70%	10% ~20%
保守型投资者	<10%	>50%	10% ~20%

第四步，执行理财规划方案，并定期检视投资运作情况，根据实际的环境进行动态调整。应遵循以下原则：

1. 牢记财务安全

实现财务安全是理财的基础，应优先考虑。财务安全就是理财的“海绵垫”。保障财务安全主要通过保险规划、现金流规划和资金准备来实现。

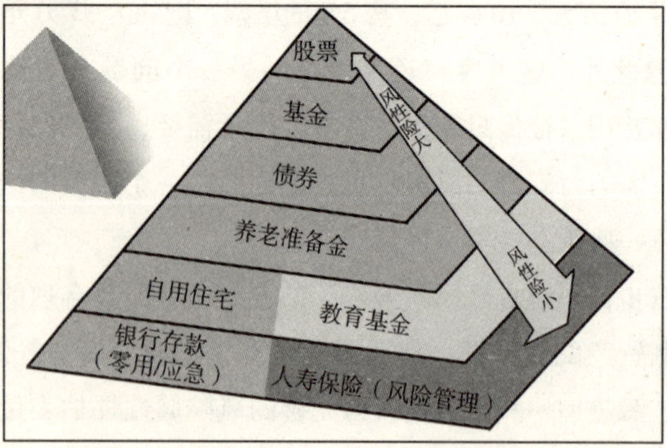

图1　理财金字塔——健康的家庭理财结构

保险主要用来防范生活中可能存在的风险，将其转嫁给保险公司，把不确定的损失变得相对确定。购买保险会影响到现金流，保险支出是负现金流，保险的定期给付是正现金流。同时，保险和资金准备互为补充，比如养老保险可以减少一定的退休金准备，拥有失业保险在当前的经济衰退中会更有安全感。

现金流规划与财务自由目标的实现息息相关，当正现金流中的被动收入大于日常支出时，我们就实现了百分百的财务自由。

简单说来就是做好开源节流，通过投资和工作增加正现金流，控制日常消费和贷款利息支出以减少负现金流。

资金准备是为购房、养老、教育等大宗开支进行积累。做好资金准备，生活质量才有保证。这也是我们不提倡将所有资金配置在高风险资产上的理由。因为一旦出现较大亏损，原来的生活规划就可能无法得到保证。

2. 投资的核心是资产配置

投资伴随着风险。对个人投资者而言，要获得持续稳定的投资回报，最好遵循“不要把所有的鸡蛋放在一个篮子里”的信条，这在资金量较大的时候格外有效。简单地讲，资产配置就是在一个投资组合中选择资产的类别并确定其比例的过程。各种资产往往有着截然不同的性质，历史统计也显示在同一市场条件下各类资产价格的走向各异。当某些资产的价值下降时，另一些却在升值。因此战略性分散投资到收益模式有区别的资产中去，可以减少整个投资组合的波动性，使资产组合的收益趋于稳定。

资产配置所能够给我们带来的好处，一是在承担同样风险情况下尽量提高投资收益率；二是在获得同样的投资收益情况下尽可能降低所承担的风险。此外，资产配置法无需选股和选时，也无需过多的操作（通常只进行再平衡），对专业知识所知不多的个人投资者也可以通过合理资产配置取得长期稳定的回报。

3. 根据趋势适时调整投资组合

投资的对象除了股票、债券，还有基金、房地产、期货、黄金和外汇等。我们知道，不同类型的资产在各种经济环境下表现各异。因此更为有效的投资策略，是通过判断当前的市场环境及其未来走向，适时为资产组合进行调整。在每个时期构建最优投资组合，以获取较高的投资回报率。与进行资产配置后一直等待相比，应时而动的投资策略更为进取。但同时也对投资者的能力作出了更高的要求，它需要深思熟虑、小心谨慎地选择投资组合，以使收益风险比最大化。

总之，理财是一种境界，是一种艺术。理财具有无穷的魅力和吸引力，人们能从理财中体会到无限的成就感和满足感。通过合理的理财规划实现：拥有今天的快乐，规避明天的风险，追逐未来生活得更加幸福的目标。

从下一章开始，将为大家一一介绍目前常见的理财工具。

第二章　银行理财产品
——稳健投资者的投资佳品

2002年，国内第一个理财产品问世，这标志着银行个人理财业务达到了一个新的水平。银行类理财产品自问世以来就以其较高的收益率和适中的风险程度受到广大投资者的普遍欢迎。目前，银行发行的理财产品主要有固定收益类理财产品和结构类理财产品等。

一、　固定收益类银行理财产品

固定收益类银行理财产品根据其投资标的的不同，主要分为货币类、债券类、票据类、信贷类四种。

（一）货币类固定收益理财产品

货币类固定收益理财产品投资于信用级别较高、流动性较好的金融工具，主要包括国债、金融债、央行票据、债券回购以及高信用级别的企业债、公司债、短期融资券等。

这种货币类理财产品类似于货币市场基金，投资灵活，在产品交易日的固定时段，投资者可随时购买或赎回，本金一般可实时到账。

对资金流动性要求高的投资者，或在其他投资理财计划间歇进行短期稳健理财的投资者可以选择这类理财产品进行投资。具体来说，以下两类投资者更应关注和投资货币型理财产品：(1)活期存款客户。银行定期存款客户、国债投资者，追求本金安全、高流动性并希望获取稳定收益，将货币型理财产品作为现金管理的工具；(2)专业投资者。将货币型理财产品作为投资组合的一类资产配置，达到优化组合或避险的目的。

（二）债券类固定收益理财产品

债券类固定收益理财产品主要投资于银行间债券市场信用级别较高的各类债券，闲置资金可投资于央行票据和银行存款等货币市场金融工具。

此类产品是目前各家银行固定收益类产品的主力军，由于投资的债券信用级别较高，因此产品风格比较稳健。产品收益率较同期定期存款利率高出0.2%～1%。

此类理财产品适合风险承受能力较低、对收益水平要求不是太高的稳健类投资者。

（三）票据类固定收益理财产品

票据类固定收益理财产品主要投资于银行已贴现的银行承兑汇票等票据资产，闲置资金可投资于银行间债券市场的国债、央票、企业债、中期票据等信用级别高、流动性好的金融工具。

产品收益水平受银行票据资产规模、票据贴现利率水平影响较大。产品期限一般不超过6个月。收益率较同期存款利率一般高出0.5%～1.5%。

票据类固定收益理财产品适合资金短期内闲置、风格稳健、追求固定收益的投资者。

（四）信贷类固定收益理财产品

信贷类固定收益理财产品分为信贷资产转让类及信托贷款类两种。信贷资产转让类是使用理财资金直接购买银行的信贷资产，而信托贷款类是使用理财资金通过信托公司向借款企业发放一笔信托贷款。

银行由于资本充足率、资产负债率等相应政策监管要求，常常面临信贷规模限制。信贷类理财产品可以为银行提供信贷规模周转流动的空间，同时让个人客户分享高资质企业的信贷收益。信贷资产转让理财产品是我国资产证券化的衍生雏形，美国次级债危机爆发后，央行、银监会加强了此方面业务监管，信贷资产转让理财产品暂时难以为继。但是，我们相信，随着中国金融市场的不断成熟，在不久的将来，这种产品的运作理念必将得到进一步发扬光大。

个人客户成为信贷融资方的债权人，可以享受到以融资方还款利息构成的理财收益，一般较同档次定期存款利率高出1%～2%。另一方面，在理论上也需要承担贷款出现逾期甚或不良的信用风险。但是，银行选择的一般都是优质借款企业，审批流程比银行贷款还要严格，因此使得客户面临的风险大大减小。

另外，由于企业可能会提前还款，因此该产品有提前终止权，但客户不可提前赎回。

该类产品适合有一定风险承受能力的投资者。投资者甄选信托理财产品，应着重关注以下几点要素：一是看融资企业的资质，资质越高，信用风险越低；二是看贷款项目投向，具有财政支持性质的基础设施建设项目是本类产品的首选；三是看担保机制，第三方高资质企业提供担保、地方财政资金支持的项目，风险度也在可控范围之内。

一般来讲，个人投资者购买固定收益类理财产品需要把握以下三个原则：

第一，风险与收益成正比。在股市楼市低迷、央行加强信贷资金投向监管的市场情况下，投资基础建设的信托理财产品与投资房地产项目的信托理财产品，风险度显然是有相当差异的，后者收益虽然更高，但是面临的风险更大。投资者不可一叶障目，只关注产品的收益率而忽略其他根本要素。

第二，合理选择理财产品期限。固定收益理财产品一般来说都不能够提前终止，理财期限成为流动性的唯一指标。若在加息通道中，短期理财产品比长期产品拥有更开阔的时间窗口，利率风险大大降低，此时选择购买一年以上期限的理财产品显然是不明智的。

第三，根据自身情况构建资产配置组合。固定收益理财产品的优势在于风险较低、收益稳定，但由于其自身结构的特点，收益空间终归是有限的。投资者可根据自身风险承受能力、资金流动性需求、收益预期等情况，与其他投资品种进行组合，以期获得更为理想的理财收益。

二、 结构型银行理财产品

结构型理财产品，也叫挂钩型理财产品，主要是指银行通过发行理财产品，向投资者募集资金，大部分资金投资固定收益产品，如信托、债券、央行票据，再将此部分资金所生的利息在国际市场购买一个期权，将理财收益与国际、国内金融市场参数挂钩，例如汇率、利率、债券、一揽子股票、基金、指数、黄金、石油、商品等。我们可以把结构型产品理解为固定收益资产和衍生品资产的结合体，投资者等同于购买了一项固定收益债券和开出一张衍生品合约。

结构型理财产品根据投资者获取本金和收益方式的不同，一般可分为保本固定收益型、保本浮动收益型和非保本浮动收益型三种。目前市场上大部分是保本浮动收益型，可以分为静态和动态两种。静态就是产品发行后设计结构就不发生变化，动态则会有资产管理部分，针对市场情况作相应的资产调整。

（一）结构型理财产品的特点

结构型理财产品的收益组成中包含了固定收益产品的成分，因此风险较股票等权益性投资品低。与一般的固定收益产品相比，结构型产品又融入了衍生品的色彩，能够在一定条件下允诺投资者获得一个高于市场利率的收益率，因而对于风险承受能力较强的投资者来说，结构型产品比单纯低收益的债券更具有吸引力。

结构类理财产品大部分为博弈型产品。按照这种理财产品合同，投资者与银行均无权提前中止理财计划，产品到期后在规定时间内向投资者一次性支付本金及理财收益。这种产品的投资收益风险是相当大的。

（二）适合的投资者

结构型理财产品的风险介于股票、基金和定期存款之间，因收益具备不确定性，比较适合有一定风险承受能力的投资者。

（三）投资者该如何选择结构型理财产品

因结构型理财产品本身设计较为复杂，投资者在投资时，应擦亮眼睛，对挂钩标的作出自己的判断，尤其对一些所谓的高收益的产品应该多看历史数据，多分析市场风险，多研究挂钩物的发展前景，尤其应做到“五个明白”。

一是必须明白产品的结构。投资者认购之前要先弄清结构型理财产品的投资内容，看清楚产品的设计结构，不能过分相信产品名称。结构型理财产品之所以复杂，主要在于其收益计算方式上。有的产品是挂钩标的单边上涨而有收益，有的产品是单边下跌才有收益；有的产品是看涨跌波幅有收益，有的则是看股票相关性才有收益。也就是说，很多产品的收益并不必然随着标的的上涨而看涨，而是要看产品合同的约定。

二是选择理财产品时，必须明白挂钩标的物。投资者购买这类产品要对其所挂钩对象未来走势有一定的预期。如果投资者是利用结构型理财产品投资自己特别看好的某个对象，那么挂钩对象越集中越好，相关性越高越好。

三是要明白自己对风险的承受能力和偏好程度。收益高的产品，其风险程度必然也高。目前市场上所谓的保本结构型理财产品，有些是100%保本，有些是部分保本。部分保本的产品自然可以拿更多的钱去投资挂钩衍生品，从而有可能获得更高的收益，当然也就面临着更多的风险，投资者可以根据自己的风险承受能力酌情选择。再如，有的银行推出的5年期产品首年收益率达到10%，但细心的投资者不难发现，这类产品在挂钩的市场利率上升时，后期收益率加速下降，5年平均收益的期望值仍然是市场的平均水平。目前看来“高收益”的理财产品，很有可能到一段时间后就变成了“低收益”甚至“负收益”。

四是要了解产品期限。结构型理财产品期限最长的可达5年以上，而期限短的产品可能在半年到一年内。一般情况下，对于相同结构的产品，期限长的产品收益率要高于期限短的产品。但是由于大多数产品客户都不能提前支取，因此投资者必须首先考虑对资金的流动性要求。

最后，要明白条款细节，避免“陷阱”。目前的结构型理财产品，收益区间的设计更加灵活，以前多只设计成看涨，现在出现了很多涨跌双赢产品，还有很多产品设计成一触即得，设定一个触发条件，只要触发到这个条件，就能获得一定收益。后两种表面上看起来很诱人，但实际上越复杂的产品，设计上越容易出问题。

（四）结构类理财产品举例

1. 与股票表现挂钩型产品

招商银行推出的A股金融类股票表现联动理财计划，选择在上海证券交易所上市的三只金融类股票：中国平安（601318）、中国人寿（601628）、工商银行（601398）挂钩，期限一年。存续期内共设置四个观察期，在任意一个观察期，只要三只股票的收盘价格均超过期初价格的8%，则产品提前终止并获得对应的收益率，年化收益率最高可达7%。否则产品到期收益率为0，仅返还投资本金。

2. 与汇率挂钩人民币产品

光大银行推出的“阳光理财A+计划——与欧元汇率挂钩型人民币结构型产品”，该产品和外汇理财产品中常见的汇率联系型产品原理一样，选择挂钩一种波动性较大的货币（欧元），预先设置两个汇率区间。若挂钩货币的区间没有突破预设区间，则可以获得最高收益率3.46%；若突破预设区间，则只能获得较低收益率2.23%或保底收益率1%。光大银行理财产品的亮点在于理财的本金是人民币而不是常见的美元或港币，收益可以选择用人民币支付，也可以选择用美元支付，而不是常见的美元或港币收益。

3. 黄金价格挂钩型产品

该类产品与国际金市的黄金现货价格挂钩，在投资期内会根据现货金的历史波动幅度、投资者的风险偏好等设置一个价格区间。若当日的现货金价格落在预设区间之内，则投资者可以获得很高的投资回报；若当日的现货金价格突破区间，则投资者的投资回报为保底收益。产品的投资期限在一年以上。

以东亚银行推出的“黄金价格按日计息保本投资产品”为例。该产品期限一年，黄金价格的区间为（观察日现货金价格+/-70美元）。若一年内现货金价格从未突破上述预设区间，则最高投资回报率为8%；若一年之内有一天突破预设区间，则潜在投资回报率为4% ×D/N，其中 D 是观察期内没有突破区间的天数，N 是观察期的总天数。

4. 与商品价格挂钩型产品

荷兰银行推出的石油——黄金挂钩结构型存款投资期限为3年，主要投资石油和黄金。该产品使投资者有机会获得与石油及黄金价格挂钩的收益。标准普尔/荷银水资源指数挂钩结构型存款投资期限为6年，投资回报主要取决于标普从全球75个国家超过10000家公司中筛选出的主营饮用水业务的上市优质企业的业绩表现，使投资者有机会获得全球饮用水业务的发展收益，而且这部分收益不设上限。这些产品的期限都很长，流动性较弱，对资金流动性要求较高的投资者来说，就显得不太适合。

近年来，随着理财观念的不断加强，人们对理财产品的需求不断增长，而人们对于银行类理财产品的偏爱也促使各家银行不断地推陈出新，银行类理财产品的种类也在迅速增多。但随之而来的就是容易被投资者所忽略的风险问题。实际上很多银行理财产品存在不少的系统内和系统外风险。随着银行理财业务的不断发展，监管部门对于银行理财业务的监管力度也在不断加大。各种银行类理财产品也在逐步规范化。相信随着理财业务的不断发展，银行理财产品在个人理财规划中会起到越来越重要的作用。

第三章　股票投资——机会与风险并存

炒过股票的人都知道，股票市场是一个充满机会同时又蕴含着巨大风险的地方。有人说，如果运气好的话，您可以在很短的时间内让财富大幅度增值，但如果运气差的话，它也能使您一夜间倾家荡产。真的是这样吗？难道想通过股票挣钱只能靠运气吗？

据大多数股民讲，他们在走进股市时，对股市完全没有概念，仅仅是听朋友说股票可以赚钱，而且性价比也比存银行好，于是就跟随着加入了股民的大军，但加入之后很多人往往是赔得血本无归。

其实，如果具备了一定的股票基础知识，依靠正确的投资理念和恰当的投资方法，通过股票投资可以使您的财富达到增值的目的，而并非是只能靠运气来获得收益。

这就要求在投资股票之前了解股票市场及股票的基本知识。本章中我们将为大家介绍一些股票的基本知识和投资股票时应该注意的事项。

一、股票的概念

股票是股份公司（包括有限公司和无限公司）在筹集资本时向出资人发行的股份凭证。代表着其持有者（即股东）对股份公司的所有权。这种所有权是一种综合权利，如参加股东大会、投票表决、参与公司的重大决策以及收取股息或分享红利等。同一类别的每一份股票所代表的公司所有权是相等的。每个股东所拥有的公司所有权份额的大小，取决于其持有的股票数量占公司总股本的比重。股票一般可以通过买卖方式有偿转让，股东能通过股票转让收回其投资，但不能要求公司返还其出资。股东与公司之间的关系不是债权债务关系。股东是公司的所有者，以其出资额为限对公司负有限责任，承担风险，分享收益。一般来说，股票具备以下几个特征。

二、股票的特征

（一）不可偿还性

股票是一种无偿还期限的有价证券，投资者认购了股票后，就不能再要求退股，只能到二级市场卖给第三者。股票的转让只意味着公司股东的改变，并不减少公司资本。从期限上看，只要公司存在，它所发行的股票就存在，股票的期限等于公司存续的期限。

（二）参与性

股东有权出席股东大会，选举公司董事会，参与公司重大决策。股票持有者的投资意志和享有的经济利益，通常是通过行使股东参与权来实现的。股东参与公司决策的权利大小，取决于其所持有的股份的多少。从实践中看，只要股东持有的股票数量达到左右决策结果所需的实际多数时，就能掌握公司的决策控制权。

（三）收益性

股东凭其持有的股票，有权从公司领取股息或红利，获取投资的收益。股息或红利的多少，主要取决于公司的盈利水平和公司的盈利分配政策。股票的收益性，还表现在股票投资者可以获得价差收入或实现资产保值增值。通过低价买入和高价卖出股票，投资者可以赚取价差利润。以美国可口可乐公司股票为例，如果在 1984 年底投资 1000 美元买入该公司股票，到 1994 年 7 月便能以 11654 美元的市场价格卖出，赚取 10 倍多的利润。在通货膨胀时，股票价格会随着公司原有资产重置价格上升而上涨，从而避免了资产贬值。股票通常被视为在高通货膨胀期间可优先选择的投资对象。

（四）流通性

股票的流通性是指股票在不同投资者之间的可交易性。流通性通常以可流通的股票数量、股票成交量以及股价对交易量的敏感程度来衡量。可流通股数越多，成交量越大，价格对成交量越不敏感（价格不会随着成交量一同变化），股票的流通性就越好，反之就越差。股票的流通，使投资者可以在市场上卖出所持有的股票，取得现金。通过股票的流通和股价的变动，可以看出人们对于相关行业和上市公司的发展前景与盈利潜力的判断。那些在流通市场上吸引大量投资者、股价不断上涨的行业和公司，可以通过增发股票、不断吸收大量资本进入生产经营活动，收到优化资源配置的效果。

（五）价格波动性和风险性

股票在交易市场上作为交易对象，同商品一样，有自己的市场行情和市场价格。由于股票价格要受到诸如公司经营状况、供求关系、银行利率、大众心理等多种因素的影响，其波动有很大的不确定性。正是这种不确定性，有可能使股票投资者遭受损失。价格波动的不确定性越大，投资风险也越大。因此，股票是一种高风险的金融产品。例如，称雄于世界计算机产业的国际商用机器公司（IBM），当其业绩不凡时，每股价格曾高达 170 美元，但在其地位遭到挑战，出现经营失策而招致亏损时，股价又下跌到 40 美元。如果不合时机地在高价位买进该股，就会导致严重损失。

三、常见的股票类型

A 股、B 股、H 股是按英文字母作为代称的股票分类。A 股是以人民币计价，面对中国公民发行且在境内上市的股票；B 股是以美元港元计价，面向境外投资者发行，但在中国境内上市的股票；H股是以港元计价，在香港发行并上市的境内企业的股票。此外，中国企业在美国、新加坡、日本等地上市的股票，分别称为N股、S股和T股。另外，值得一提的是，沪市挂牌B股以美元计价，而深市B股以港元计价，故两市股价差异较大，如果将美元、港币以人民币进行换算，便知两地股价大体一致。以字母代称进行股票分类，不甚规范，根据中国证监会要求，股票简称必须统一、规范。可以相信，随着我国股市的进一步发展，A股、B股、H股等称谓将成为历史。

香港股市有所谓“红筹股”、“蓝筹股”之分。红筹股是指最大控股权直接或间接隶属于中国内地有关部门或企业，并在香港联合交易所上市的公司所发行的股份。即在港上市的中资企业。中国国旗是五星红旗，因此习惯于把与中国相联系的上市公司发行的股票称为红筹股；美国人打牌下赌注，蓝色筹码为最高，红色筹码为中等，白色筹码为最低，后来人们就把股票市场上最有实力、最活跃的股票称为蓝筹股。蓝筹股几乎成了绩优股的代名词。随着内地企业陆续赴港上市，现也有人将红筹股做了更严谨的定义，即必须是某公司在港注册，接受香港法律约束的中资企业才称为红筹股，而公司在内地注册，只是借用香港资本市场筹资的企业，另称为“H股”。但一般仍以红筹股广泛地作为在港上市的中资企业的代名词。

成长股是指发行股票时规模并不大，但公司的业务蒸蒸日上，管理良好，利润丰厚，产品在市场上有竞争力的公司的股票。

热门股是指交易量大、交易周转率高、股价涨跌幅度也较大的股票。热门股的形成往往有其特定的经济、政治、社会原因。

绩优股是指那些业绩优良，但增长速度较慢的公司的股票。这类公司有实力抵抗经济衰退，但并不能给您带来振奋人心的利润。

周期股是指经营业绩随着经济周期的涨缩而变动的公司的股票。航空工业、汽车工业、钢铁及化学工业等都属于此类。

再生股是指经营发生困难甚至破产，经过整顿后重新获得投资者认可的企业股票。

了解了股票的定义和特征之后，有人可能会问，既然股票的价格具有波动性，那么有什么方法可以大概判断一段时间内或某个时点上股票价格的变动趋势吗？一般来讲，通常可以通过一些技术分析的方法判断一定时期股价的变动。下面我们来看一些常见的技术分析理论。

四、 常用的股票投资技术分析理论

（一）K 线理论

K 线图这种图表源于日本德川幕府时代，被当时日本米市的商人用来记录米市的行情与价格波动，后因其细腻独到的标画方式而被引入到股市及期货市场。目前，这种图表分析法在我国以至整个东南亚地区较为流行。由于用这种方法绘制出来的图表形状颇似一根根蜡烛，加上这些蜡烛有黑白之分，因而也叫阴阳线图表。通过 K 线图，我们能够把每日或某一周期的市况表现完全记录下来，股价经过一段时间的调整后，在图上即形成一种特殊区域或形态，不同的形态显示出不同意义。我们可以从这些形态的变化中摸索出一些有规律的东西出来。K线图形态可分为反转形态、整理形态及缺口和趋向线等。

那么，为什么叫“K线”呢？实际上，在日本的“K”并不是写成“K”字，而是写成“罫”（日本音读 kei），K线是“罫线”的读音，K线图称为“罫线”，西方以英文第一个字母“K”直译为“K”线，由此发展而来。

首先我们找到该日或某一周期的最高和最低价，垂直地连成一条直线；然后再找出当日或某一周期的开市和收市价，把这两个价位连接成一条狭长的长方柱体。假如当日或某一周期的收市价较开市价高（即低开高收），我们便以红色来表示，或是在柱体上留白，这种柱体就称为“阳线”。如果当日或某一周期的收市价较开市价低（即高开低收），我们则以绿色表示，又或是在柱上涂黑色，这柱体就是“阴线”了。下面介绍几种常见的K线图。

1. 长红线或大阳线

此种图表示最高价与收盘价相同，最低价与开盘价一样。上下没有影线。从一开盘，买方就积极进攻，中间也可能出现买方与卖方的斗争，但买方发挥最大力量，一直到收盘。买方始终占优势，使价格一路上扬，直至收盘。表示强烈的涨势，股市呈现高潮，买方疯狂拥入，不限价买进。握有股票者，因看到买气的旺盛，不愿抛售，出现供不应求的状况。

2. 长黑线或大阴线

此种图表示最高价与开盘价相同，最低价与收盘价一样。上下没有影线。从一开始，卖方就占优势。股市处于低潮。握有股票者不限价疯狂抛出，造成恐慌心理。市场呈一面倒，直到收盘价格始终下跌，表示强烈的跌势。

3. 先跌后涨型

这是一种带下影线的红实体。最高价与收盘价相同，开盘后，卖气较足，价格下跌。但在低价位上得到买方的支撑，卖方受挫，价格向上推过开盘价，一路上扬，直至收盘，收在最高价上。总体来讲，出现先跌后涨型，买方力量较大，但实体部分与下影线长短不同表示买方与卖方力量对比不同。

实体部分比下影线长。价位下跌不多，即受到买方支撑，价格上推。破了开盘价之后，还大幅度推进，表示买方实力很强。

实体部分与下影线相等，买卖双方交战激烈，但大体上，买方占主导地位，对买方有利。

实体部分比下影线短。买卖双方在低价位上发生激战。遇买方支撑逐步将价位上推。但从图中可发现，上面实体部分较小，说明买方所占据的优势不太大，如卖方次日全力反攻，则买方的实体很容易被攻占。

4. 下跌抵抗力

这是一种带下影线的黑实体，开盘价是最高价。一开盘卖方力量就特别大，股价一直下跌，但在低价位上遇到买方的支撑。后市可能会反弹。根据实体部分与下影线的长短不同，也可分为三种情况：

（1）实体部分比影线长表示卖压比较大，一开盘，大幅度下压，在低点遇到买方抵抗，买方与卖方发生激战，影线部分较短，说明买方把价位上推不多，总体上看，卖方占了比较大的优势。

（2）实体部分与影线同长表示卖方把价位下压后，买方的抵抗也在增加，但可以看出，卖方仍占优势。

（3）实体部分比影线短，卖方把价位一路压低，在低价位上，遇到买方顽强抵抗并组织反击，逐渐把价位上推，最后虽以黑棒收盘，但可以看出卖方只占极少的优势。后市很可能买方会全力反攻，把小黑实体全部吃掉。

5. 上升阻力

这是一种带上影线的红实体。开盘价即最低价。一开盘买方强盛，价位一路上推，但在高价位遭遇卖方压力，使股价上升受阻。卖方与买方交战结果为买方略胜一筹。具体情况仍应观察实体与影线的长短。

红实体比影线长，表示买方在高价位遇到阻力，部分多头获利回吐。但买方仍是市场的主导力量，后市继续看涨。

实体与影线同长，买方把价位上推，但卖方压力也在增加。二者交战结果，卖方把价位压回一半，买方虽占优势，但显然不如卖方优势大。

实体比影线短。在高价位遇卖方的压力，卖方全面反击，买方受到严重考验。大多短线投资者纷纷获利回吐，在当日交战结束后，卖方已收回大部分失地。买方一块小小的堡垒（实体部分）将很快被消灭，这种 K 线如出现在高价区，则后市看跌。

6. 先涨后跌型

这是一种带上影线的黑实体。收盘价即是最低价。一开盘，买方与卖方进行交战。买方占上风，价格一路上升。但在高价位遇卖压阻力，卖方组织力量反攻，买方节节败退，最后在最低价收盘，卖方占优势，并充分发挥力量，使买方陷入“牢套”的困境。具体情况仍有以下三种：

（1）黑实体比影线长，表示买方把价位上推不多，立即遇到卖方强有力的反击，把价位压破开盘价后乘胜追击，再把价位下推很大的一段。卖方力量特别强大，局势对卖方有利。

（2）黑实体与影线相等，买方把价位上推；但卖方力量更强，占据主动地位，卖方具有优势。

（3）黑实体比影线短，卖方虽将价格下压，但优势较少，次日入市，买方力量可能再次反攻，黑实体很可能被攻占。

7. 反转试探型

这是一种上下都带影线的红实体。开盘后价位下跌，遇买方支撑，双方争斗之后，买方增强，价格一路上推，临收盘前，部分买者获利回吐，在最高价之下收盘。这是一种反转信号。如在大涨之后出现，表示高位震荡，如成交量大增，后市可能会下跌。如在大跌后出现，后市可能会反弹。这里根据上下影线及实体的不同，又可分为多种情况：

（1）上影线长于下影线之红实体：又分为，影线部分长于红实体表示买方力量受挫折；红实体长于影线部分表示买方虽受挫折，但仍占优势。

（2）下影线长于上影线之红实体：亦可分为，红实体长于影线部分表示买方虽受挫折，仍居于主动地位；影线部分长于红实体表示买方尚需接受考验。

8. 弹升试探型

这是一种上下都带影线的黑实体，在交易过程中，股价在开盘后，有时会力争上游，随着卖方力量的增加，买方不愿追逐高价，卖方渐居主动，股价逆转，在开盘价下交易，股价下跌。在低价位遇买方支撑，买气转强，不至于以最低价收盘。有时股价在上半场以低于开盘价成交，下半场买意增强，股价回至高于开盘价成交，临收盘前卖方又占优势，而以低于开盘价之价格收盘。这也是一种反转试探。如在大跌之后出现，表示低档承接，行情可能反弹。如大涨之后出现，后市可能下跌。

9. 十字线型

这是一种只有上下影线，没有实体的图形。开盘价即是收盘价，表示在交易中，股价出现高于或低于开盘价成交，但收盘价与开盘价相等。买方与卖方几乎势均力敌。其中：上影线越长，表示卖压越重；下影线越长，表示买方旺盛。上下影线看似等长的十字线，可称为转机线，在高价位或低价位，意味着出现反转。

10. “丄”图形和“丅”图形

“丄”图形又称空胜线，开盘价与收盘价相同。当日交易都在开盘价以上之价位成交，并以当日最低价（即开盘价）收盘，表示买方虽强，但卖方更强，买方无力再挺升，总体看卖方稍占优势，如在高价区，行情可能会下跌。“丅”图形又称多胜线，开盘价与收盘价相同，当日交易以开盘价以下之价位成交，又以当日最高价（即开盘价）收盘。卖方虽强，但买方实力更大，局势对买方有利，如在低价区，行情将会回升。

11. “一”图形

此图形不常见，即开盘价、收盘价、最高价、最低价在同一价位。只出现于交易非常冷清之时，全日交易只有一档价位成交。冷门股此类情形较易发生。

（二）波浪理论

波浪理论是技术分析大师R. E. 艾略特（R. E. Elliot）所发明的一种价格趋势分析工具。它是一套完全靠观察得来的规律，可用以分析股市指数、价格走势。它也是世界股市分析运用最多，而又最难以了解和精通的分析工具。

一般来讲，波浪理论可以用一句话来概括：即“八浪循环”。

第一浪：（1）几乎半数以上的第一浪，是属于营造底部形态的第一部分，第一浪是循环的开始，由于这段行情的上升出现在空头市场跌势后的反弹和反转，买方力量并不强大，加上空头继续存在卖压，因此，在此类第一浪上升之后出现第二浪调整回落时，其回调的幅度往往很深；（2）另外半数的第一浪，出现在长期盘整完成之后，在这类第一浪中，其行情上升幅度较大，经验看来，第一浪的涨幅通常是五浪中最短的行情。

第二浪：这一浪是下跌浪，由于市场人士误以为熊市尚未结束，其调整下跌的幅度相当大，几乎吃掉第一浪的升幅，当行情在此浪中跌至接近底部（第一浪起点），市场出现惜售心理，抛售压力逐渐衰竭，成交量也逐渐缩小时，第二浪调整才会宣告结束，在此浪中经常出现转向形态，如头底、双底等。

第三浪：第三浪往往是最大、最有爆发力的上升浪，这段行情持续的时间与幅度通常是最长的，市场投资者信心恢复，成交量大幅上升，常出现传统图表中的突破讯号，例如裂口跳升等，这段行情走势非常激烈，一些图形上的关卡，非常轻易地被穿破，尤其在突破第一浪的高点时，是最强烈的买进讯号，由于第三浪涨势激烈，经常出现“延长波浪”的现象。

第四浪：第四浪是行情大幅劲升后的调整浪，通常以较复杂的形态出现，经常出现“倾斜三角形”的走势，但第四浪的底点不会低于第一浪的顶点。

第五浪：在股市中第五浪的涨势通常小于第三浪，且经常出现失败的情况，在第五浪中，二、三类股票通常是市场内的主导力量，其涨幅常常大于一类股（绩优蓝筹股、大型股），即投资人士常说的“鸡犬升天”，此时市场情绪表现相当乐观。

第A浪：在A浪中，市场投资人士大多数认为上升行情尚未逆转，此时仅为一个暂时的回调现象。实际上，A浪的下跌，在第五浪中通常已有警告讯号，如成交量与价格走势背离或技术指标上的背离等，但由于此时市场仍较为乐观，A浪有时出现平势调整或者“之”字形态运行。

第B浪：B浪表现经常是成交量不大，一般而言是多头的逃命线，然而由于是一段上升行情，很容易让投资者误以为是另一波段的涨势，形成“多头陷阱”，许多人士在此惨遭套牢。

第C浪：是一段破坏力较强的下跌浪，跌势较为强劲，跌幅大，持续的时间较长久，而且出现全面性下跌。

从以上看来，波浪理论似乎颇为简单和容易运用，实际上，由于其每一个上升/下跌的完整过程中均包含有一个八浪循环，大循环中有小循环，小循环中有更小的循环，即大浪中有小浪，小浪中有细浪，因此，使数浪变得相当繁杂和难于把握，再加上其推动浪和调整浪经常出现延伸浪等变化形态和复杂形态，使得对浪的准确划分更加难以界定，这两点构成了波浪理论实际运用的最大难点。

当然，技术分析理论还有道氏理论、箱型理论、黄金分割理论等很多不同的理论，这里不再一一叙述。

实际上，单纯依靠技术分析去分析整个股票市场或是某只股票的走势是不可能十分准确的。因为影响股票市场或一只股票的因素有很多，比如：宏观经济环境、国家政策、短期内市场资金的流动性、企业的盈利面、外围环境的影响等等。所以，这些技术分析方法只能够为我们平时分析市场走势、预测后市行情起一个辅助作用，不能太过相信或依赖技术分析理论。

这里讲一个从一本书上引用的寓言故事，就知道技术分析的局限性。

从前，有个叫市场乐园的迷人的地方，人们从早到晚玩一种叫做市场的游戏。这个游戏是这样的：每天他都会上涨或下跌，玩游戏的人去赌结果。这是一场很简单的游戏。

但这也有复杂的地方，主要是因为市场乐园里玩游戏的每一个人对于市场走向都有自己的意见。而且他们不只是有意见而已，玩游戏的人还弄出了一大堆系统、方法、证据和分析，用来证明自己的意见是对的。他们有所谓的达克底尔数列、普东提夫波浪、詹东直线和齐格达和声。他们有欧伯特和卡尼恩与老师傅流传下来的锦囊妙计。他们还有所谓的存货、盈余、货币流量、星象图以及四度空间的利器。所有东西都叫人着迷。没错，玩游戏的人有许多让人叹为观止的法宝。

不过问题出在，有时他们用自己的方法研判市场会往某个方向走，而事实上，市场的走势却恰恰相反，这种事情从来不会让身处其中的每一个人清醒，他们会花很长的时间，讨论何以市场会有这种“违背常理”的走法。但是他们通常会同意这只是市场的暂时脱轨现象，他们所用的方法、所作的分析，完好如昔。

有一天下午，有个叫“求是”先生的玩家碰到一件怪事，从此之后，他整个人都变了。求是先生曾经花了很多时间，深入研究所谓的阿哲霍夫数字，而且成为市场乐园中这方面公认的行家。现在阿哲霍夫数字显示市场非涨不可，所以，求是先生买进了不少股票，建立了不小的多头。

不幸的是，这位求是先生买入股票后不久市场就开始下跌。这件事情并没有让求是先生太过忧虑，因为他很笃定，相信市场终究会上涨。然而市场却不理他那一套（正是造化弄人），一跌再跌又跌。求是先生十分焦虑和消极（这种事情不难理解，因为我们都经历过这种时候）。但是他还是认为事情很快就会好转，市场很快就会反转，走他应该走的路。

既然所有的神话故事都有小孩子，这里也不例外。我们发现求是先生居然有一个叫做“眼前”的5岁的漂亮女孩。正当他为自己悲惨的命运仰天长叹时，眼前走了进来。她发现气氛有点不对劲，开口就问到底发生了什么事情。

“哦，没什么，小宝贝，这种事情你不会懂的，简单说，市场本该上涨，结果没有。”

“爸爸，这就是你说的市场吗？是不是银幕上这根线？”

“对。”

小眼前走过来，专著地看着银幕上那条歪来歪去的线。过了一阵子，她说：

“喂，爸爸，我根本不知道市场是什么，但从这根线来看，似乎只跌不涨啊。”

“小宝贝，这就是你不懂的地方，你看，阿哲霍夫数字说，市场铁定要涨到这里。”

“我知道，爸爸，但现在看起来就是往下走嘛。”

“宝贝，不止这样，连墨林沙频率都一口咬定，市场非涨到这里不可。”

“我知道，但现在看起来就是往下走嘛。”

“你不懂的，宝贝，当阿哲霍夫数字和墨林沙频率吻合时，市场就非得往那个方向走不可。”

小眼前一脸糊涂，她又走过去，仔细看着银幕。

“你说的东西，我全不懂，爸爸，我也不了解市场。但现在看起来就是往下走嘛。你看，不是吗？”

求是先生一时语塞，眼睁睁地看着女儿：“眼前，你再说一遍好吗？”

“爸爸，就是现在，市场看起来就是往下走。我说错了吗？”

就在这时，某种灵感迅速闪入求是先生脑中。那些年来苦研阿哲霍夫数字和墨林沙频率，以及其他种种景象都历历浮现眼前。他看了看女儿，拿起电话来把所有的多头仓平掉。而且，不止如此，他还大肆放空。

现在，求是先生已经不是以前的求是先生了。以前的他，一有时间就钻研阿哲霍夫数字和墨林沙频率，还有其他理论。现在，一有时间他就去打高尔夫，而且腾出很多时间跟家人共享天伦。朋友们都认为，他变得很奇怪，因为他不再对那些与市场有关的迷人系统、方法、统计数字感兴趣。

但是求是先生一点儿都不在乎，因为他正大赚其钱，而且钱多得不像话。

五、 投资股票的注意事项

那么，平时我们进行股票投资时应该注意哪些方面的问题呢？

（一）选时，选择最有利的时机介入。市场是有周期性的，涨多了就会跌，跌多了就会涨，所有的证券市场都是这样。当大盘下挫时，95%的股票都会下跌，这时最好不要建仓。大盘企稳并重新上行时建仓最好，日均线系统是否处于多头状态或正在形成多头状态，在30日均线上方或有效突破30日均线时建仓，成功的机会可能会大一些。

（二）选股，建一个适合您的投资风格的股票池。您不可能跟踪所有的股票。您要仔细地阅读每家公司的年报、中报、季报和其他公开信息，从中选出有良好预期的个股，坚持对它们进行跟踪，在适当的时机采取行动。如果您每天只关注3~4只股票，您的工作量就会相对较小，精力更加集中，操作成功的机会就会大大增加。季度每股收益是否有大幅的增长，以及上市公司的成长性是股价上涨最主要的推动力。基金公司的研究能力较强，捕捉市场机会的能力也很强，他们是否愿意买进一只股票，也可以作为您选股的参考。

（三）做一个详细的操作计划。这样能记录您在买进股票时的想法，可以帮助您控制情绪，让您有一个思考的过程，便于您总结经验教训。

（四）如何在股市获得稳定的利润。人们通常认为股市高手每战必赢、神秘莫测、可望而不可及，其实不然。高手成功概率大都在50%左右，有的甚至不到50%。怎么获利呢？他们每次的亏损很有限，一般最多在7%～8%左右，而他们每次的赢利都在20%、30%，甚至几倍。这样，总的看来，他们的收益就很可观了。如果您也能这样去做，在看错了的时候坚决止损，在看对了的时候坚持持股，在获利丰厚时赢利平仓，您也能获得可观的赢利。只买基本面有良好预期的股票，只在适当的时机买进有技术面支持的股票，设立止损位和赢利位，做一个详细的计划，总结经验和教训，坚持下来，您就建立了一个良好的获利模式。这样，您一定能在股市中实现稳定持续的利润。

第四章　债券投资——安全的投资方式

债券投资，凭借其长期稳定及较高的收益和适中可控的风险一直以来就被视为投资者投资组合中不可或缺的一部分。那么什么是债券？作为投资者在债券投资中应该注意哪些问题？本章将为各位读者一一解答这些问题。

一、 债券基础知识

首先，我们介绍一下债券的基础知识。

（一）债券的概念

债券是国家政府、金融机构、企业等机构直接向社会借债筹措资金时，向投资者发行并且承诺按规定利率支付利息并按约定条件偿还本金的债权债务凭证。由此，债券包含了以下四层含义：

1. 债券的发行人（政府、金融机构、企业等机构）是资金的借入者；

2. 购买债券的投资者是资金的借出者；

3. 发行人（借入者）需要在一定时期内还本付息；

4. 债券是债的证明书，具有法律效力。债券购买者与发行者之间是一种债权债务关系，债券发行人即债务人，投资者（或债券持有人）即债权人。

债券作为一种债权债务凭证，与其他有价证券一样，也是一种虚拟资本，而非真实资本，它是经济运行中实际运用的真实资本的证书。

债券作为一种重要的融资手段和金融工具具有如下特征：

1. 偿还性。债券一般都规定有偿还期限，发行人必须按约定条件偿还本金并支付利息。

2. 流通性。债券一般都可以在流通市场上自由转让。

3. 安全性。与股票相比，债券通常规定有固定的利率。与企业绩效没有直接联系，收益比较稳定，风险较小。此外，在企业破产时，债券持有者享有优先于股票持有者对企业剩余资产的索取权。

4. 收益性。债券的收益性主要表现在两个方面，一是投资债券可以给投资者定期或不定期地带来利息收入；二是投资者可以利用债券价格的变动，买卖债券赚取差额。

下面我们来看一下目前市场上存在的一些债券的主要类型。

（二）债券的分类

1. 按发行主体划分

按发行主体划分，债券可以分为政府债券、金融债券、公司（企业）债券。

（1）政府债券

政府债券是政府为筹集资金而发行的债券。主要包括国债、地方政府债券等，其中最主要的是国债。国债因其信誉好、利率优、风险小而又被称为“金边债券”。

（2）金融债券

金融债券是由银行或非银行金融机构发行的债券。在我国目前金融债券主要由国家开发银行、进出口银行等政策性银行发行。

（3）公司（企业）债券

公司（企业）债券是企业依照法定程序发行，约定在一定期限内还本付息的债券。公司债券的发行主体一般是股份公司，但也可以是非股份公司，所以一般归类时，公司债券和企业发行的债券合在一起，可直接称为公司（企业）债券。

2. 按是否有财产担保划分

按是否有财产担保，债券可以分为抵押债券和信用债券。

（1）抵押债券是以企业财产作为担保的债券，按抵押品的不同又可以分为一般抵押债券、不动产抵押债券、动产抵押债券和证券信托抵押债券。以不动产如房屋等作为担保品的，称为不动产抵押债券；以动产如适销商品等作为担保品的，称为动产抵押债券；以有价证券如股票及其他债券作为担保品的，称为证券信托债券。一旦债券发行人违约，信托人就可将担保品变卖处置，以保证债权人的优先求偿权。

（2）信用债券是不以任何公司财产作为担保，完全凭信用发行的债券。政府债券属于此类债券。这种债券由于其发行人的绝对信用而具有坚实的可靠性。除此之外，一些公司也可发行这种债券，即信用公司债。与抵押债券相比，信用债券的持有人承担的风险较大，因而往往要求较高的利率。为了保护投资人的利益，发行这种债券的公司往往受到种种限制。只有那些信誉卓著的大公司才有资格发行。除此以外在债券契约中都要加入保护性条款，如不能将资产抵押其他债权人、不能兼并其他企业、未经债权人同意不能出售资产、不能发行其他长期债券等。

3. 按债券形态分类

债券按其形态可分为实物债券、凭证式债券、记账式债券。

（1）实物债券（无记名债券）

实物债券是一种具有标准格式实物券面的债券。它与无实物票据相对应，简单地说就是发给您的债券是纸质的而非电脑里的数字。

在其券面上，一般印制了债券面额、债券利率、债券期限、债券发行人全称、还本付息方式等到各种债券票面要素。其不记名，不挂失，可上市流通。实物债券是一般意义上的债券，很多国家通过法律或者法规对实物债券的格式予以明确规定。实物债券由于其发行成本较高，将会被逐步取消。

（2）凭证式债券

凭证式国债是指国家采取不印刷实物券，而用填制“国库券收款凭证”的方式发行的国债。我国从 1994 年开始发行凭证式国债。凭证式国债具有类似储蓄又优于储蓄的特点，通常被称为“储蓄式国债”，是以储蓄为目的的个人投资者理想的投资方式。从购买之日起计息，可记名，可挂失，但不能上市流通。与储蓄类似，但利息比储蓄高。

(3) 记账式债券

记账式债券指没有实物形态的票券，以电脑记账方式记录债权，通过证券交易所的交易系统发行和交易。我国近年来通过沪、深交易所的交易系统发行和交易的记账式国债就是这方面的实例。如果投资者进行记账式债券的买卖，就必须在证券交易所设立账户。所以，记账式国债又称无纸化国债。

记账式国债购买后可以随时在证券市场上转让，流动性较强，就像买卖股票一样，当然，中途转让除可获得应得的利息外（市场定价已经考虑到），还可以获得一定的价差收益（不排除损失的可能），这种国债有付息债券与零息债券两种。付息债券按票面发行，每年付息一次或多次。零息债券折价发行，到期按票面金额兑付，中间不再计息。

由于记账式国债发行和交易均无纸化，因而交易效率高，成本低，是债券发展的趋势。

记账式国债与凭证式国债有何区别？

(1) 在发行方式上，记账式国债通过电脑记账、无纸化发行，而凭证式国债是通过纸质记账凭证发生。

(2) 在流通转让方面，记账式国债可自由买卖，流通转让也较方便、快捷。凭证式国债只能提前兑取，不可流通转让，提前兑取还要支付手续费。

(3) 在还本付息方面，记账式国债每年付息，可当日通过电脑系统自动到账，凭证式国债是到期后一次性支付利息，客户需到银行办理。

(4) 在收益性上，记账式国债要略好于凭证式国债，通常记账式国债的票面利率要略高于相同期限的凭证式国债。

（5）在发行期限上，凭证式国债一般以短、中期，以3年、5年为主，记账式国债一般以中长期，5年、7年以上，也有10年、20年的。

4. 按是否可以转换为公司股票划分

按债券是否能转换为公司股票，债券可以分为可转换债券和不可转换债券。

（1）可转换债券是指在特定时期内可以按某一固定的比例转换成普通股的债券，它具有债务与权益双重属性，属于一种混合性筹资方式。由于可转换债券赋予债券持有人将来成为公司股东的权利，因此其利率通常低于不可转换债券。若将来转换成功，在转换前发行企业达到了低成本筹资的目的，转换后又可节省股票的发行成本。根据《公司法》的规定，发行可转换债券应由国务院证券管理部门批准，发行公司应同时具备发行公司债券和发行股票的条件。

（2）不可转换债券是指不能转换为普通股的债券，又称为普通债券。由于其没有赋予债券持有人将来成为公司股东的权利，因而其利率一般高于可转换债券。

5. 按付息的方式划分

（1）零息债券

零息债券也叫贴现债券，是指债券券面上不附有息票，在票面上不规定利率，发行时按规定的折扣率，以低于债券面值的价格发行，到期按面值支付本息的债券。从利息支付方式来看，贴现债券以低于面额的价格发行，可以看成利息预付，因而又可称为利息预付债券、贴水债券。是期限比较短的折现债券。

（2）定息债券

固定利率债券是将利率印在票面上并按其向债券持有人支付利息的债券。该利率不随市场利率的变化而调整，因而固定利率债券可以较好地抵制通货紧缩风险。

（3）浮息债券

浮动利率债券的息票率是随市场利率变动而调整的利率。因为浮动利率债券的利率同当前市场利率挂钩，而当前市场利率又考虑到了通货膨胀率的影响，所以浮动利率债券可以较好地抵制通货膨胀风险。其利率通常根据市场基准利率加上一定的利差来确定。浮动利率债券往往是中长期债券。

6. 按是否能够提前偿还划分

按是否能够提前偿还，债券可以分为可赎回债券和不可赎回债券。

（1）可赎回债券是指在债券到期前，发行人可以以事先约定的赎回价格收回的债券。公司发行可赎回债券主要是考虑到公司未来的投资机会和回避利率风险等问题，以增加公司资本结构调整的灵活性。发行可赎回债券最关键的问题是赎回期限和赎回价格的制定。

（2）不可赎回债券是指不能在债券到期前收回的债券。

7. 按偿还方式不同划分

按偿还方式不同，债券可以分为一次到期债券和分期到期债券。

（1）一次到期债券是发行公司于债券到期日一次偿还全部债券本金的债券。

(2) 分期到期债券是指在债券发行的当时就规定有不同到期日的债券，即分批偿还本金的债券。分期到期债券可以减轻发行公司集中还本的财务负担。

8. 按计息方式分

(1) 单利债券

单利债券指在计息时，不论期限长短，仅按本金计息，所生利息不再加入本金计算下期利息的债券。

(2) 复利债券

复利债券与单利债券相对应，指计算利息时，按一定期限将所生利息加入本金再计算利息，逐期滚算的债券。

(3) 累进利率债券

累进利率债券指年利率以利率逐年累进方法计息的债券。累进利率债券的利率随着时间的推移，后期利率比前期利率更高，呈累进状态。

(三) 债券的要素

债券尽管种类多种多样，但是在内容上都要包含一些基本的要素。这些要素是指发行的债券上必须载明的基本内容，这是明确债权人和债务人权利与义务的主要约定，具体包括：

1. 债券面值

债券的面值是指债券的票面价值，是发行人对债券持有人在债券到期后应偿还的本金数额，也是企业向债券持有人按期支付利息的计算依据。债券的面值与债券实际的发行价格并不一定是一致的，发行价格大于面值称为溢价发行，小于面值称为折价发行。

2. 票面利率

债券的票面利率是指债券利息与债券面值的比率，是发行人承诺以后一定时期支付给债券持有人报酬的计算标准。债券票面利率的确定主要受到银行利率、发行者的资信状况、偿还期限和利息计算方法以及当时资金市场上资金供求情况等因素的影响。

3. 付息期

债券的付息期是指企业发行债券后的利息支付的时间。它可以是到期一次支付，或一年、半年或者三个月支付一次。在考虑货币时间价值和通货膨胀因素的情况下，付息期对债券投资者的实际收益有很大影响。到期一次付息的债券，其利息通常是按单利计算的；而年内分期付息的债券，其利息是按复利计算的。

4. 偿还期

债券偿还期是指企业债券上载明的偿还债券本金的期限，即债券发行日至到期日之间的时间间隔。公司要结合自身资金周转状况及外部资本市场的各种影响因素，来确定公司债券的偿还期。

（四）常见的债券交易方式

1. 现货交易

又叫现金现货交易，是债券买卖双方对债券的买卖价格均表示满意，在成交后立即办理交割，或在很短的时间内办理交割的一种交易方式。

例如，投资者可直接通过证券账户在深交所全国各证券经营网点买卖已经上市的债券品种。

2. 回购交易

是指债券持有一方出券方和购券方在达成一笔交易的同时，规定出券方必须在未来某一约定时间以双方约定的价格再从购券方那里购回原先售出的那笔债券，并以商定的利率（价格）支付利息。

目前深、沪证券交易所均有债券回购交易，但只允许机构法人开户交易，个人投资者不能参与。

3. 期货交易

债券期货交易是一种交易双方成交以后，交割和清算按照期货合约中规定的价格在未来某一特定时间进行的交易。目前深、沪证券交易所均不开通债券期货交易。

在投资债券时，我们应该注意以下几个方面的问题。

二、 投资债券应该注意的问题

债券投资过程中可以运用组合投资理论来进行分散化投资，以便有效地降低投资中的风险，增加投资收益。

分散化投资可以采用：将资金分散投资在不同期限的债券上；将资金分别投资于多种债券上，如国债、企业债券、金融债券等。

投资国债时应考虑的几个因素：利率水平因素、国债的供求关系。

投资企业债券时应考虑的几个因素：企业的信誉等级、收益率因素、企业债券的流动性因素、企业债券的发行期限。

投资可转换公司债时应考虑几个因素：可转换债券的转换价值、可转换债券到期前的市场价格与它的转换价值的比较、转换期限、公司经营业绩、股票价格、有关的赎回条件、回售条件。

三、 债券投资实例

李小姐是个标准的月光族，每月的工资总是在不知不觉中花完，这让她很是烦恼。在朋友的介绍下，她选择了投资债券，刚开始的时候看到涨幅接近80%，享受了两天赚钱的快乐。但是没过多久自己购买的债券就全部跌破发行价，让她深深体会到“任何投资都有风险”这句话。于是李小姐开始好好研究债券，以及它的投资风格和风险程度。

选债券要选“长跑冠军”，而不是“短跑冠军”。当她发现这个道理时，发现很多表现好的债券已经是“高价货”了，她没有犹豫，马上调换了理想的债券，经历了10个月的调整后，她已经有所收获。

李小姐觉得人不要总是抱着“一夜暴富”的想法，就像2005年的998点是所有人都没有预想到的股市大底，又有谁能预料到从2005年6月份开始，两年内股市一路上涨飞奔到了6124点呢？因为那永远都不是投资者能把握的。高抛低吸只是一个美好的愿望而已，像他们这样的投资者只是资本海洋里的一滴水，能做到的只是不要错过每一次机会，而最终的胜利势必属于那些将信念坚持到底的人。

现在李小姐的生活变得很充实，再也不像以前那样乱花钱了，并且已经熟练把握了债券的交易规律，不断在债市中获取不错的收益。

目前市场上还有一种间接投资于债券的投资工具——债券型基金，在下一章中我们将介绍一下基金这个常见的投资工具。

第五章　基金——把钱交给专家去打理

与股票相比，更多的人现在更愿意去投资基金。因为基金的风险相对于股票较小，基金一般会同时选择多只股票进行投资，这样就避免了因单只股票下跌带来的过于集中的风险，有效地降低了系统风险。另外，人们更愿意将自己的钱交给更专业的人去投资。

那么什么是基金呢？我们在选择基金时又应该注意哪些方面的问题呢？

一、基金基础知识

基金是一种大众化的信托投资工具。这种投资工具由基金管理公司或其他发起人发起，通过向投资者发行份额，将大众手中的零散资金集中起来，委托具有专业知识和投资经验的专家进行管理和运作，由信誉良好的金融机构充当所募集资金的信托人或托管人。基金经理人通过多元化的投资组合，将基金投资于股票、债券、可转换证券等各种金融工具，努力降低投资风险，谋求资本长期、稳定的增值。投资者按出资比例分享投资收益与承担投资风险。

基金运作包括三个主要要素，即基金投资者（也称受益人），基金管理人即基金管理公司，基金托管人（商业银行）。基金托管人作为基金资产的名义持有人，负责安全保管基金资产并监督基金管理人的投资活动，以确保基金投资人的合法权益。

二、　基金的特征和分类

（一）投资基金的优点

1. 集合小额资金。投资基金可以将零散资金巧妙地汇集起来，交由专业经理人投资各种金融工具，如股票、债券等，以谋取资产的增值，这就为中小投资者打开方便之门，使他们的少量资金也能享受组合投资所带来的便利。

2. 专业化管理。基金是由具有丰富投资管理经验的专业性管理机构——基金管理人管理，投资者仅承担极低费用，便可享受经理人的专业理财服务。

3. 分散投资风险。个人投资者有限的资金仅能投资于某几种证券，如果所投资的某几种证券的业绩不佳，投资者可能亏本；而投资基金则有雄厚的资金，可分散投资于多种证券，即做投资组合，不至于出现因某几种证券造成的损失而招致满盘皆输的局面。

4. 流动性强。投资基金是一种变现性良好、流动性较强的投资工具，投资者可以根据个人的需求随时买卖基金受益凭证，而且手续简单。封闭式基金在证券市场挂牌交易，投资者可通过券商代其进行，手续类似于股票交易。对于开放式基金，投资者可随时向基金公司或银行等中介机构认购与赎回，赎回时可按投资者个人提出的支付方式付款。

5. 投资者直接投资于海外证券市场存在种种困难与问题，但若通过基金投资，一切就变得简单可行，投资基金是投资人士间接投资于海外证券市场的理想中介。正因为如此，投资基金颇受海外投资者的青睐，也正成为世界各国吸引外资的重要途径之一。

6. 任何投资行为都会有风险。投资基金的特点在于有专业人士管理，进行组合投资分散风险，但也并非绝无风险。通俗讲，小额投资因为资金有限，只得将鸡蛋放在一个篮子里。而一个篮子打翻了，里面的鸡蛋都会打碎。投资基金则是把鸡蛋放入许多个篮子，所有篮子都打翻的机会终究要比个别篮子打翻的机会少得多。

不同种类的基金，其风险程度各异。如证券衍生工具基金、单一市场股票基金等风险程度比较高，但投资此类基金收益也比较大。国际性债券基金、货币基金的风险程度相对较低，其收益也较小。投资者一旦认购了投资基金，其投资风险就只能由投资者自负。基金管理公司只能替投资者管理资产，但不承担根据“基金契约”或“投资协议”进行投资而导致的任何投资风险。

（二）基金的分类

基金的种类很多，可按不同的方式进行分类。根据投资基金组织形式的不同，可分为公司型基金与契约型基金；根据基金受益单位能否随时认购或赎回及转让方式的不同，可分为开放式基金和封闭式基金；根据投资基金投资对象的不同，可分为货币基金、债券基金、混合基金、股票基金等。

1. 公司型基金与契约型基金。公司型基金又称为互惠基金，或称共同基金（Mutual Fund），是指基金公司依法设立，以发行股份的方式募集资金，投资者通过购买公司股份成为基金公司股东。公司型基金结构类似于一般股份公司结构，但基金公司本身不从事实际运作，而是将资产委托给专业基金管理公司运行，同时，由卓有信誉的金融机构代为保管基金资产。公司型基金设立的法律性文件是基金公司章程及招股说明书。公司型基金在美国非常盛行，美国的法律不允许设立契约型基金。

契约型基金又称为信托型基金，或单位信托基金（Unit Trust），它是由基金经理人（基金管理公司）与代表受益人权益的信托人（托管人）之间订立信托契约而发行受托单位，但经理人依照信托契约对信托资产进行管理，由托管人作为基金资产的名义持有人负责保管基金资产。契约型基金将受益权证券化，即通过发行受益单位，使投资者购买后成为基金受益人，分享基金经营成果。契约型基金设立的法律性文件是信托契约，而没有基金章程。基金管理人、托管人、投资人三方当事人的行为通过信托契约来规范。

公司型基金和契约型基金的主要区别在于设立的组织框架及法律关系不同，但契约型基金较公司型基金设立方式更为灵活方便。契约型基金在英国较为普遍，目前我国绝大多数投资基金也都属契约型基金。

2. 开放式基金和封闭式基金。开放式基金是指基金设立后，基金规模不固定，投资者可随时申购、赎回基金单位的一种产品。封闭式基金是指基金设立后，基金规模固定，在存续期投资者不能向基金管理公司提出赎回的基金产品。封闭式基金通常在证券交易所挂牌，交易方式类似于股票及债券的买卖。投资者通过证券商代理其买卖，封闭式基金的价格受市场供求情况决定，其价格随行就市。

开放式基金与封闭式基金的主要区别如下：

①期限不同。封闭式基金有固定的封闭期，通常封闭期在5年以上，一般为10~15年。而开放式基金则没有固定期限，投资者可以随时向基金公司或银行等中介机构提出赎回。

②发行规模要求不同。封闭式基金发行规模固定，并在封闭期限内不能再增加发行新的基金单位。开放式基金一般没有规模限制，投资者可随时申购或赎回。申购基金单位时，其基金规模就增加；赎回基金单位时，其基金规模就减少。

③转让方式不同。封闭式基金在封闭期限内，投资者一旦认购了基金受益单位就不能向基金管理公司提出赎回，只能寻求在证券交易所或其他交易场所挂牌，交易方式类似于股票及债券的买卖，交易价格受市场供求情况影响较大。开放式基金的投资者可随时向基金管理公司或银行等中间机构提出认购或赎回申请，买卖方式灵活。

④交易价格决定因素不同。封闭式基金的交易价格是随行就市，不完全取决于基金资产净值，受市场供求关系等因素影响较大；而开放式基金的价格则完全取决于每单位资产净值的高低。

开放式基金中还有一类称为 ETF 和 LOF 的基金。

ETF 是英文全称 Exchange Traded Fund 的缩写，字面翻译为“交易所交易基金”，但为了突出 ETF 这一金融产品的内涵和本质特点，现在一般将 ETF 称为“交易型开放式指数基金”。ETF 是一种跟踪“标的指数”变化，且在交易所上市的开放式基金。投资者可以像买卖股票那样，通过买卖 ETF，实现对指数的买卖。因此，ETF 可以理解为“股票化的指数投资产品”。从本质上讲，ETF 属于开放式基金的一种特殊类型，它综合了封闭式基金和开放式基金的优点，投资者既可以向基金管理公司申购或赎回基金份额，同时又可以像封闭式基金一样在证券市场上按市场价格买卖 ETF 份额。不过 ETF 的申购赎回必须以一揽子股票换取基金份额或者以基金份额换回一揽子股票，这是 ETF 有别于其他开放式基金的主要特征之一。

LOF 基金，英文全称“Listed Open—Ended Fund”，汉语称为“上市型开放式基金”。也就是上市型开放式基金发行结束后，投资者既可以在指定网点申购与赎回基金份额，也可以在交易所买卖该基金。不过投资者如果是在指定网点申购基金份额，想要在交易所卖出，须办理一定的转托管手续；同样，如果是在交易所买进的基金份额，想要在指定网点赎回，也要办理一定的转托管手续。国内的 LOF 是指通过深圳证券交易所系统发行并上市交易的开放式基金。LOF 投资者既可以通过基金管理人或其委托的销售机构以基金份额净值进行基金的申购、赎回，也可以通过交易所市场以交易系统撮合成交价进行基金的买入、卖出。

从海外尤其是发达国家或地区的基金业发展来看，通常大多是先从封闭式基金起步，经过一段时间的探索，逐步转向发展开放式基金。鉴于我国国情，我国的投资基金业也是先选择封闭式基金试点，逐步发展到开放式基金，但开放式基金是我国今后发展的主流。

3. 货币基金、债券基金与股票基金

货币基金是以全球货币市场为投资对象的一种基金。通常投资于银行短期存款、大额可转让存单、政府公债、公司债券、商业票据等。由于货币市场一般是供大额投资者参与，因而货币基金的出现为小额投资者进入货币市场提供了机会。货币基金具有投资成本低、流动性强、风险小等特点。投资者常常在股票基金业绩表现不佳时，将股票基金转换为货币基金，以避开“风浪”，等待时机再选择认购股票基金或别的基金品种，因此货币基金也称为停泊基金。

债券基金是指将基金资产投资于债券，通过对债券进行组合投资，寻求较为稳定的收益。由于债券收益稳定，风险也较小，因而债券基金的风险性较低，适于不愿过多冒险的稳健投资者。但债券基金的价格也受到市场利率、汇率、债券本身等因素影响。其波动程度比股票基金低。

股票基金是指以股票为投资对象的投资基金，这是所有基金品种中最广泛流行的一种。与投资者直接投资于股票市场相比，股票基金具有流动性强、分散风险等特点。虽然股票价格会在短时间内上下波动，但其提供的长线回报会比现金存款或债券投资高，因此，从长期来看，股票基金收益可观，但风险也比债券基金、货币基金要高。

混合基金是指以股票、债券为主要投资对象的投资基金，其风险和收益特征介于债券基金和股票基金之间。

指数基金是指按照某种指数构成的标准购买该指数包含的证券市场中的全部或者一部分证券的基金，其目的在于达到与该指数同样的收益水平。例如，上证综合指数基金的目标在于获取和上海证券交易所综合指数一样的收益。上证综合指数基金就按照上证综合指数的构成和权重购买指数里的股票，相应地，上证综合指数基金的表现就会像上证综合指数一样波动。

三、 基金与股票、 债券的区别

前面提到基金投资是投资于多种股票和债券，是一个投资组合。那么，基金与股票和债券之间到底有什么差别呢?

(一) 基金与股票的差别

证券投资基金是一种投资受益凭证。股票是股份有限公司在筹集资本时向出资人发行的股份凭证。两者的差别主要反映在以下几个方面。

1. 反映的关系不同。股票反映的是所有权关系，而证券投资基金反映的是信托关系。

2. 在操作投向上不同。股票是融资工具，其集资主要投向实业，是一种直接投资方式。而证券投资基金是信托工具，其筹资主要投向有价证券，是一种间接投资方式。

3. 风险与收益状况不同。股票的收益是不确定的，其收益取决于发行公司的经营效益，投资股票有较大风险。证券投资基金采取组合投资，能够在一定程度上分散风险，风险小于股票，收益也较股票稳定。

4. 投资收回方式不同。股票没有到期日，股票投资者不能要求退股，投资者如果想兑现的话，只能在二级市场出售。开放式基金的投资者可以按资产净值赎回基金单位；封闭式基金的投资者在基金存续期内不得赎回基金单位，如果想实现，只能在交易所或者柜台市场出售，但存续期满投资者可以得到投资本金的返还。

（二）基金与债券的区别

债券是政府、金融机构、工商企业等直接向社会借债筹措基金时，向投资者发行，并且承诺按规定利率支付利息并按约定条件偿还本金的债权债务凭证。基金与债券的区别表现在以下几个方面：

1. 反映的关系不同。债券反映的是债权债务关系，证券投资基金反映的是信托关系。

2. 在操作上投向不同。债券是融资工具，其集资主要投向实业，是一种直接投资方式。而证券投资基金是信托工具，其筹资主要投向有价证券，是一种间接投资方式。

3. 风险、收益不同。债券的收益一般是事先确定的，其投资风险较小。证券投资基金的投资风险高于债券，收益也高于债券。证券投资基金的风险、收益状况比债券高，比股票小。

那么平时我们在基金买卖中应该注意哪些方面的问题呢？

四、 基金买卖中的常见问题

(一) 基金认购、申购、赎回及基金红利

认购，是指投资者在基金募集期按照基金的单位面值加上少量手续费购买基金的行为。

申购，是指投资人在基金成立之后，按照基金的最新单位资产净值加上少量手续费购买基金的行为。

赎回，是指投资人将已经持有的开放式基金单位出售给基金管理人，收回资金的行为。

巨额赎回，是指当开放式基金的当日净赎回量超过基金规模10%时，基金管理人可以在接受赎回比例不低于基金总规模10%的情况下，对其余的赎回申请延期办理。巨额赎回申请发生时，投资人可选择连续赎回或取消赎回两种方式。连续赎回是指投资者对于延期办理的赎回申请部分，选择依次在下一个基金开放日进行赎回。

基金的营销渠道主要包括：商业银行、证券公司、投资顾问公司、基金管理公司直销渠道、网上基金销售。

基金红利。红利可采用两种形式：现金红利，即向投资者分配现金；红利再投资，是将投资者分得的收益再投资于基金，并折算成相应数量的基金单位。根据国家规定，基金投资收入暂不收个人所得税。

（二）基金的费用

在整个存续期里，证券投资基金的费用分为期初费用、期中费用和期终费用。期初费用主要是发行费用，期中费用主要包括管理费、托管费、证券交易费等，期终费用主要用于清算费用。

期初费用（发行费、首次购买费）指投资者在购买基金时支付的手续费。它一般附加在基金认购价上，向投资者收取，主要用于基金的宣传、中间人的佣金及发行时的其他费用支出。其费率的高低取决于基金的类别。

在开放式基金中，投资者购买基金份额时一次性收取发行费，在投资者持有份额期间不再收取此项费用。但如果投资者将持有的基金份额卖出后又重新购买时，有的基金还需支付发行费。

根据香港投资基金公会的有关资料统计，香港投资基金市场的发行费率为：货币市场0～2%，债券市场3%～5%，股票5%～7%。目前，国内封闭式证券投资基金的发行费均为1%，货币市场基金为0，债券基金0.8%，混合和股票基金1.2%左右。

管理费指管理公司提供专业化管理服务而每年从基金资产中提取的管理费。它是基金公司的主要收入来源。管理费通常按基金资产净值的一定比例每日计提。管理费率的高低因基金类别的不同而有所差别，同时不同地区或基金业发展程度不同也导致其高低不一。风险程度越高的基金其管理费率也越高。其中年费率最高的基金是证券衍生工具基金，如认股权证基金的年费用高达1.5%~2.5%。最低的要算货币市场基金，其年费率仅为0.25%~1%。香港投资基金公会公布的其他几种基金的管理年费为：债券基金0.5%~1.5%，股票基金1%~2%。在基金业发达的国家或地区，基金的管理年费率通常为1%，但在一些发展中国家或地区则略高于1%。在我国，管理费年费率为1.25%~2.5%。

托管费指托管人为基金（或基金公司）提供托管服务而向基金（或基金公司）收取的费用。它是按基金净值的一定比例每日计提。目前我国的基金托管费用为0.25%。

证券交易费是指基金经理人为基金买卖证券时支付给经纪人的佣金等费用。交易越频繁，费用就越高。

赎回费指投资者赎回基金份额时按赎回金额的一定比率向投资者收取的费用。它仅对开放型基金而言，而且没有特定的标准。越复杂的投资工具，收取的费率会越高，但也有某些基金甚至没有赎回费，如货币基金等。

其他费用。包括上市公告费、披露信息费用、法律顾问费、验证服务费、业务报酬等。

税收。各个国家或地区根据其鼓励基金发展的程度不同，税收标准也不尽相同。一般来说，基金投资的税负比股票投资要轻得多。

（三）开放式基金认/申购、赎回价格的计算

开放式基金认/申购、赎回价格是以单位基金资产净值（NAV）为基础计算出来的。单位基金资产净值，即每一基金单位代表的基金资产净值。其计算公式如下：

单位基金资产净值＝（总资产－总负债）/基金单位总数

认购举例：

一位投资者有100万元用来认购开放式基金，假定认购的费率为1%，基金单位面值为1元，那么，

认购费用＝100万元×1%÷（1＋1%）＝0.99万元

净认购金额＝100万元－0.99万元＝99.01万元

认购份额＝99.01万元÷1.00元＝99.01万份

申购举例：

一位投资人有100万元用来申购开放式基金，假定申购费率为2%，单位基金净值为1.5元，那么，

申购费用＝100万元×2%÷（1＋2%）＝1.96万元

净申购金额＝100万元－1.96万元＝98.04万元

申购份额＝98.04万元÷1.50元＝653594.77（份）

赎回举例：

一位投资人要赎回100万份基金单位，假定赎回费率为1%，单位基金净值为1.5元，那么，

赎回金额＝1.5元×100万份＝150万元

赎回费用＝150万×1%÷（1＋1%）＝1.485万元

净赎回额＝150万元－1.485万元＝148.51万元

目前市场上有很多基金，如何在众多的基金中选择适合自己和业绩较好的基金呢？

五、 选择基金的技巧

关于如何寻找基金，很多人建议要关注基金公司、基金经理

和基金业绩等等。如果想通过基金投资轻松实现财富增长，笔者有以下两点建议，希望在这里与投资者共同交流。

（一）了解自己比了解基金更重要

随着基金赚钱效应的不断体现和印证，基金受到更多关注，基金的普及度进一步提高。投资者对于基金投资、基金理财也有了更直接、更丰富的体验。在选择基金的时候，投资者往往更多关注基金产品本身，而忽略了自己的需要。想了解自己并不容易，但投资者的确需要去了解，错误的投资往往从一开始就决定了。在选择基金之前，投资者至少需要先问问自己两个基本问题：

一是可用于投资的资金使用时限。这是一个简单的问题，但往往会被忽略。手头上闲钱有多长的使用时限，可用于投资的期限是1个月还是1年、3年、5年，或者更长时间？不同的使用期限决定了投资者应该选择什么类型的基金产品。动用下月就要支付的购房款投资于股票型基金，或是用5年内闲置的资金投资于货币市场基金，都是不正确的。投资者在选择基金时，首先要先问问自己，我的闲置资金可以用于投资的期限是多久？根据期限的长短，投资者可以决定选择货币市场基金、债券型基金或者是股票型基金。

二是风险承担能力如何。您能承受多大的风险，这是投资者在选择基金前需要考虑的关键问题。基金可以帮助您积累财富，很多人已经认识到股票型基金可能让自己获得10%、20%、50%甚至更高的回报，同时也可能会使自己在1年内亏损10%甚至更多。任何人都不希望投资损失，但仅仅因为存在潜在的风险就一味地保守投资，其实并不可取。盲目回避风险，可能会使您对投资结果和生活质量都不满意，甚至难以抵御通货膨胀的侵蚀。风险承受能力与投资者的年龄、性格、经济条件等因素相关，与您的风险承受能力相匹配的基金，就是最适合您的基金产品。

如果现在准备成为基金投资者，那么先问问自己上述两个问题；如果已经加入基金投资者队伍，那么也问问自己，我选择的基金适合自己吗？很多人在作出选择时花费的时间还不如选购一台电视机花费的时间多。英国哲学家罗素曾经说过："大部分人宁愿死，也不愿思考。许多人的确如此。"如果想通过基金投资轻松实现财富增长，还是花些时间先问问自己，考虑考虑自己的需要，选择适合自己的基金产品。形成经常思考的习惯，了解您自己比了解基金更重要。

(二) 培养良好的投资习惯

在您考虑清楚了可投资的资金使用期限和风险承受能力后，就可以选择基金投资了。投资大师沃伦·巴菲特认为，决定财富的关键因素并不是您的天赋高低，而是是否有良好的投资习惯。投资者如何选择基金，如何进行基金投资，能否轻松实现财富增长，关键因素也是要有良好的投资习惯。

投资者在选择基金的时候，首先应该考虑自身的需求，然后选择那些符合自己风险承受能力，又能满足财务目标的基金品种。可以选择不同类型的基金来实现不同的财务目标，可以通过基金分红或买卖价差收益获取基金回报。

在选择基金时，有一个简单的投资习惯对于提高您的投资收益比较关键，即长期投资的习惯。投资者都很担心钱的损失，您计划投资的时间越长，您所承担的风险就越小，就越有机会打败通货膨胀。一些投资者往往在基金净值较低时割肉卖出，净值大幅攀升后再以更高的价格去追。证券市场中永远不变的就是变化，投资者的心跳如果时刻跟随市场而波动，往往会身心疲惫，收益反而不尽如人意。相反，长期投资则有可能获得长期稳定的收益。

巴菲特对长期投资理念有着精辟的论述。他认为“如果您不情愿在10年内持有一种股票，那么您就不要考虑哪怕仅仅是持有它们10分钟。”当然，基金并不等同于股票，但长期投资的理念对于指导基金选择和基金投资还是有一定帮助的。长期投资有两层含义：一是基金投资着眼于长期收益；二是不能对他们产生感情。投资者选择适合自己的基金产品，培养良好的投资习惯，可以提高基金投资收益。

伴随着基金业的快速发展，基金产品创新也将层出不穷，投资者会面临更多的基金产品选择。投资者在选择基金的时候，形成思考的习惯，花些时间考量自身的需求和理财目标的变化，选择适合自己的基金品种，同时培养良好的投资习惯，坚持长期投资理念，将有助于实现长期的财富增长。

下面我们来看几个基金投资的案例。

案例一

何先生是一个忙碌的上班族，在理财方面偏于保守。除了往银行活期账户里存钱、积累到一个整数转成定期外，最大的一笔投资就是购买了2万元在银行柜台交易的国债。

2006年年底，何先生得到一笔10万元的奖金。对于这笔奖金，除了用于春节期间的消费外，怎样打理才能获得高于人民币储蓄或普通理财产品的收益呢？一位证券行业的朋友建议，购买3至4只基金，构建自己的基金组合是一个不错的投资选择。

最后，何先生把股票型基金作为了投资组合中的主体，按照股票型基金占2/3、货币型基金占1/3的比例来进行的搭配。基金的数量也不算多，总共选了三只。他向业内人士咨询后了解到，沪深大盘当时正处于低位区域，存在较大空间，将2/3的资金配置股票型基金，是为了分享股市从低位区域向上反弹的收益。在股票型基金中，他在指数基金与股票基金中各选了一只，分别投入1/3的资金。

由于货币市场基金流动性较好，收益相对稳定，是一种良好的现金管理工具，何先生将剩余的1/3资金用来购买了货币市场基金。他了解到，在收益率方面，当时大多数货币市场基金的7天年化收益率已升至3%以上，各家之间相差不是很大。而在海外市场各货币市场基金间的收益率相差也都非常小，因此选择货币市场基金的主要依据是考虑其安全性。

通过这次投资，何先生感到，目前基金数量和种类的急剧膨胀，在给投资者提供了更多投资渠道的同时，也使他们不知所措。而构建个人基金组合，汇集最优秀基金公司中的优质基金，不仅可以应对基金数量急速增长、投资者选择无所适从的问题，还可利用基金经理的专业投资能力帮助投资者分享股市成长收益。

案例二

杜先生曾经热衷于炒股，但在1999年把购买过的所有股票都抛出了。原因是觉得所有的股票走势都起伏不定，消息又非常不透明，无论好消息还是坏消息自己都是证券市场最后一个知道的，几年下来仍旧是不亏不赚。看到基金的走势稳稳当当，波动不那么大，杜先生就专门跑到银行收集了各类基金传单，再上网查询相关资料，专心地研究起基金来。后来，杜先生购买了华夏成长基金和易方达平稳成长基金，8 个月的回报率就超过了 18%。尝到了基金的甜头后，他除了外币资产外把所有的储蓄全部转成各种类型的基金。

有了投资基金的成功经验之后，杜先生觉得当时抛出所有股票是正确选择，并认为只要细心规划分类，基金完全可以满足他的理财需求。目前，杜先生的基金理财规划主要分为三大块。

第一是准备长期持有的基金，作为今后养老的储备金。杜先生选择了积极成长型股票基金和纯债券基金，各买了 5 万元。他认为，中国股市从长远角度来看是上扬势头，而且股票型基金有抗通货膨胀能力。既然如此，就不如搏一次，选择积极成长型的。当然，考虑到高回报就有高风险，他就用纯债券基金与之搭配。债券基金虽回报率低，但风险较低，安全可靠，这样即使遇到风险，至少有债券基金撑半边天。所以，养老应不会成为问题。

第二是准备中期持有的基金，以备将来的用钱之需。杜先生分别买了股债平衡型基金和混合型基金各 4 万元。平衡性基金和波动较小的混合型基金的投资范围包括股票和债券两种，因此风险和回报也介于两者之间。收益虽不大，但风险也不高，走的是中庸稳健的投资之路，值得中期持有。

第三是短期投资，这些钱可以随时赎回来应对日常所需。杜先生把平常存的活期全取出来购买华夏现金增利基金。因为该基金属于准货币市场基金，跟活期存款一样好用，收益还比活期要高得多，且免认购、申购、赎回费；利息不交税；基金分红不交所得税；每日分配收益，每月累计收益自动转换为基金份额。因此他一有闲钱就购入该基金，让它们自动滚雪球。

最近杜先生粗略估算了一下，他在各类基金上共投资了21万元，仅投资第一年就上涨了近25%左右，足足赚了5万元。

案例三

王小姐从2002年开始投资基金，当时多支开放式基金先后问市，由于其宣传力度及定位，使收入不高的她也能对基金有所了解。

王小姐从银行取回了有关基金的宣传材料后，首先了解到的是博时价值增长基金和华夏债券基金。这些开放式基金与封闭式基金不同，封闭式基金多是机构或是大户，起购点额度大，而开放式基金对机构或个人小户均可，起购点一般1000元即可，同时进出两便，这正是适合她的基金。

经反复比较选择，王小姐首次认购博时价值增长基金和华夏债券基金各5000元，一星期后又追加认购博时基金3000元，两支基金分别选择了现金分红和分红再投资。春节过后，博时价值增长基金随春暖花开一路攀升，最高时几度超过25%的年收益，一举夺得开放式基金净值增长之冠。一年后，除了现金分红外，基金市值都有不同程度增长，尤其博时基金除分红外还增值6%左右，这让王小姐真正体验到了专家为她理财的乐趣。

王小姐不断地用收入购买基金，甚至不选择购买的时机。她购买基金的方法很简单，先列出一段时间内净值增长率最高的5只基金，然后比较其波动程度，最后购买其中波动程度最小的两支基金。买进以后无论大盘风吹浪打，不再卖出。每年基金分红时，她几乎在分红后的一周内就又再次将分红投入基金中。这时候她的原则是用分红投资去年净值增长最多的冠军基金。到目前为止，王小姐通过不断买进，再加之高分红，已拥有相当数量的基金份额。

六、 投资基金常见的问题

（一）开放式基金越来越多，如何选择

目前市场上有很多不同类型的基金，即使是相同类型的基金，在投资对象、投资策略等方面也存在着很多差异，因此要正确地选择一只基金确实需要一些技巧。在选择基金的时候，您应该注意浏览各种报纸、销售网点公告或基金管理公司的信息，了解基金的收益、费用和风险特征，判断某种基金是否切合您的投资目标。具体来说，应该考虑以下几点：

1. 基金的过往业绩是否有吸引力，是否一贯。

2. 基金管理公司是否值得信赖，基金经理对管理的基金是否具有专业知识和足够的投资经验。

3. 基金的投资目标是否与您的目标相符。比如说，投资目标会跟您的年龄、收入、家庭状况有很大的关系。一般而言，年纪轻时适合风险高些的基金，而即将退休时适合选择风险较低的基金。

4. 基金的投资期限是否与您的目标相符。一般来说，投资期限越长，您越不需担心基金价格的短期波动，从而可以选择投资

风险较高的基金品种。如果您的投资期限少于一年，则应该考虑一些风险较低的基金。

5. 您所能承受的风险大小。一般来说，高风险投资的回报潜力也较高。然而，如果您对市场的短期波动较为敏感，便应该考虑投资一些风险较低及价格较为稳定的基金。假使您的投资取向较为进取，并不介意市场的短期波动，同时希望赚取较高的回报，那么一些较高风险的基金或许符合您的需要。

6. 基金的费用水平是否适当。

如果您能使用以上的评估要点对基金进行逐一对比，相信您一定能从数量众多的基金当中，挑选出一个最适合您的基金。

（二）如何选择基金管理公司

在选择值得投资的基金时，充分了解管理基金的基金管理公司是非常重要的。您应该选择一家诚信、优秀的基金管理公司，应该对基金管理公司的信誉、过往业绩、管理机制、背景、财力、人力资源、规模等有所了解。下面是几个您可以用来判断基金管理公司好坏的参考依据：

1. 规范的管理和运作。规范的管理和运作是基金管理公司必须具备的基本要素，是基金资产安全的基本保证。判断一家基金管理公司的管理运作是否规范，您可以参考以下几方面的因素：一是基金管理公司的治理结构是否规范合理，包括股权结构的分散程度、独立董事的设立及其地位等。二是基金管理公司对旗下基金的管理、运作及相关信息的披露是否全面、准确、及时。三是基金管理公司有无明显的违法违规现象。

2. 历年的经营业绩。基金管理公司本身的基础是否牢固，内部管理制度是否完善，特别是基金经理人的投资经验、业务素质和管理方法，都足以影响到基金业绩的表现。有些基金的投资组合是由一组投资经理及分析人员负责的，有的则由一两个经理人主管。后者的个人因素比较重，因此遇到人事变动时，对基金的衔接运作影响也较大。有一套完整的管理制度及注重集体管理的基金公司，决策程序往往较一致，行动起来也比较有针对性，参考他们以往的业绩来选择，较为可靠。所以挑选基金公司时，大投资机构或金融机构的基金比较有保障。

3. 市场形象、服务的质量和水平。基金管理公司的市场形象、对投资者服务的质量和水平也是您在选择基金管理公司时可以参考的因素。对于封闭式基金而言，基金管理公司的市场形象主要是通过旗下基金的运作和净值表现出来的。市场形象较好的基金管理公司，旗下基金在二级市场上更容易受到投资者的认同与青睐。反之，市场形象较差的基金管理公司，旗下基金往往会受到投资者的抛弃。对于开放式基金而言，基金管理公司的市场形象主要是通过营销网络分布、收费标准、申购与赎回情况、对投资者的宣传等体现出来的。您在投资开放式基金时除了考虑基金管理公司的管理水平外，还要考虑相关费用、申购与赎回的方便程度以及基金管理公司的服务质量等诸多因素。

（三）投资基金如何获利

投资基金的获利来源主要有两个：一个是由买卖基金的价格差异所产生的资本利得；一个是由基金分红所产生的投资收入。其中，如果您投资的是开放式基金，产生的资本利得是因为基金所投资的股票或债券升值或获取红利、股息、利息等，导致基金单位净值增长；如果是封闭式基金，产生资本利得是因为市场供需关系变化导致基金价格上涨，使得卖出的基金单位时取得价差收入。把这个价差收入扣掉买卖时的相关手续费用后，就是您真正的资本利得收益。除了买卖基金时的价格差异为您带来收益以外，在投资期间您所取得的基金分红也会增加您的收入，也同样是投资基金获利的组成部分。因此，投资基金的总收益就等于资本利得收益加上分红收益。

投资基金的获利模式与基金种类是有关的。基金的类型越偏积极成长型，风险越高，您的获利来源就更多是以资本利得为主；相反，如果基金的类型偏重固定收益型，则您的获利来源将是以分红收益为主。

（四）怎样评估基金业绩

前面我们已经介绍过，基金的收益状况是通过两个部分来体现的，一个是基金净值的增长情况，一个是基金的分红情况，因此只要知道了基金的净值增长率和分红比率，您就可以知道基金的投资收益率。但要注意的是，光是一个简单的收益率数字，并不能用来完全表达基金的好坏，您还需要考虑其他因素对收益率的影响以及收益率长期的变化，才能客观地判断基金的真实表现。

从一个简单的角度看，基金的投资收益状况越好，基金资产的运营效率就越高，基金的表现也越好，而您实际获得的收益也就越高。但是，如果您在这个时候就对一只基金业绩的好坏作出判断，那您犯错误的可能性就很大了。基金的表现好，可能是因为基金经理管理得好，也可能是因为市场走势非常好，或者是因为您承担的风险特别高，所以您需要把单个基金的表现与多个标准来比较，才能公平地评判基金的表现。

首先，您应该将基金收益与股票大盘走势作比较。如果一只基金大多数时间的业绩表现都比大盘指数好，那就可以说这只基金的管理是有效的，管理这只基金的基金管理公司拥有出色的研究投资能力。

其次，您应该将基金收益与其他同类基金比较。不同类型的基金应该区别对待。因为风险不同，您不能把不同类别的基金业绩进行直接比较。一般而言，风险越高、操作手法越激进的基金，应该产生越高的投资收益。

再者，您应该将基金收益与预期比较，根据基金的投资原则和基金经理的操作理念，看基金表现是否符合您的预期。当基金与预期极不相符时，您应该回过头来看看基金经理是否违反了基金契约上承诺的投资原则和理念，不必要地增加基金的投资风险。

另外，您应该将基金收益与历史比较。只有稳定的业绩才是真正的业绩，偶尔的成功可能只是运气，偶尔的失败也可能只是短暂的。您应该从较长时间段来综合判断基金的业绩表现。

最后，您还可以借助一些专家的评判。专业的评估报告通常会提供一些专门的评估指标，例如夏普比率、特雷诺比率等。这些经风险调整过的业绩指标可以使不同基金的业绩得以比较，是对基金经理管理能力的比较好的度量。

（五）以什么方式投资基金合适呢

一旦决定了投资多少资金在哪一只基金后，您还必须作一个重要的投资决定，那就是以什么方式买基金，是一次就把所有的资金都投入呢，还是小额分次买入？

如果您选择以单笔方式将资金一次性地投入，那您必须注意买卖的时点。运用单笔投资方式，获利或亏损很大程度决定于投入的时点。如果您能充分掌握低买高卖的原则，将会有丰厚的获利，但是如果投资时点不佳，您也有可能发生亏损。

单笔买进的投资方式还可分成“长期投资型”及“适时进出型”两种。“长期投资型”是将资金长期投资在基金上，定期检查投资状况，但基本上不会频繁进出。“适时进出型”则是在后市看好的时候将资金投入，而当市场行情反转时，立即将基金赎回。如果您具备相当的投资经验和风险承担能力，可以采取适时进出型的投资策略，否则最好还是采取长期投资策略，以免被交易手续费侵蚀掉所有的投资收益。

另外，您也可以选择采用定期定额投资法。所谓定期定额投资，就是无论行情好坏，每月或者其他固定时间都投资一笔钱在基金上。定期定额投资法有点像“零存整取”的投资方式，特别适合一般工薪阶层利用每月为数不多的节余，为自己累计退休金或为小孩储蓄教育基金。

（六）假如购买基金净值跌了怎么办

基金净值下跌有很多种原因，可能是因为大势变坏，也可能是因为基金公司管理水平下降。当基金净值下跌时，您首先要做的事情是谨慎判断，因为不同的原因和情况应该有不同的应对方法。

如果基金净值下降是因为基金管理公司出现了重大异动，在短期内又没有改善的迹象，那您应该考虑卖出该基金。如果基金净值下跌是因为市场形势发生了变化，那您最好不要贸然作出投资决定，因为市场变化是无法预测的。证券市场是一种在波动中上升的市场，短期内可能风险很大，但是长期的走势还是与经济发展的基本面一致。在长期向上的趋势下，市场短期的波动趋势却是难以预测的。您应该以平常心对待市场的波动，通过长期投资，追求资本的稳定增值。

（七）净值高还是净值低的基金更值得投资

净值高的基金不代表不适合投资，净值低的基金也不代表值得投资，基金净值未来的成长性才是判断投资价值的关键。

净值的高低除了受到基金经理管理能力的影响外，还受到很多其他因素的影响。若基金成立已经有一段相当长的时间，或是自成立以来成长迅速，基金的净值自然就比较高；如果基金成立日期较短，或是进场时点不佳，都可能使基金净值相对较低。因此，您如果只以净值的高低作为是否要购买基金的标准，就常会作出错误的决定，购买基金仍要以其未来的成长性作为标准，才是正确的投资方针。

（八）什么是基金的净值增长率和累计净值增长率

净值增长率和累计净值增长率都是评价基金收益的指标。净值增长率指的是基金本年末净值相对于基金去年末净值的增加比率，您可以用它来评估基金成立至今的业绩表现。

自20世纪70年代以来，基金净值增长率和累计净值增长率已成为国际著名基金评价公司和基金投资者的常用指标，用来体现基金管理人的投资水平。其中，在计算基金净值增长率时，如果当期基金分红，会使基金净值下降，因此必须将分红加回期末基金净值当中。在基金没有分红的情形下，则必须以每次分配点为界分别计算各时间段的净值增长率，再计算整个时间段的累计增长率。

（九）封闭式基金的折价是什么

封闭式基金净值的计算和开放式基金一样，但是封闭式基金的交易价格和它的净值很少相同，甚至经常出现重大差异。我们将封闭式基金的交易价格低于净值的状况称为“折价”；高于净值的状况称为“溢价”。

封闭式基金偶尔可能出现些微的溢价，但大多是处于折价状态中，这是正常的现象，因为管理基金涉及一些成本，会略微减少基金资产。折价幅度的大小会影响封闭式基金的投资价值，如果您购买折价的基金，一旦折价缩小或转变为溢价，报酬相对可观。因此，除了投资目标和管理水平外，折价比率可能是评估封闭式基金的最重要因素。

（十）什么是基金分红

根据《证券投资基金管理暂行办法》的规定，基金管理公司必须以现金形式分配至少90%的基金净收益，并且每年至少分配一次。基金净收益是指基金收益扣除按照有关规定可以在基金收益中扣除的费用后的余额，包括基金投资所得红利、股息、债券利息、买卖证券差价、银行存款利息以及其他收入。此外，因为运用基金资产带来的成本或费用的节约也应该计入基金收益中。

由于封闭式基金一般在存续期内不再发行新的基金单位，因此收益分配只能采用现金形式，开放式基金则大多可以选择领取现金或是分红再投资。分红再投资方式是将应分得的现金收益直接用于转购基金单位，相当于基金公司以增股形式分配收益。但实际上就两种分红方式而言，在分红时实际分得的收益是等值的。

（十一）如何对待基金分红

基金分红是指基金将收益的一部分以现金方式分派给基金投资人。这部分收益原来就是基金单位净值的一部分，因此您实际拿到的也是自己账面上的资产，这就是为什么分红当天（除权日），基金单位净值会降低的原因。

分红并不是越多、越频繁越好，您应该选择适合自己需求的分红方式。对于开放式基金，您如果想实现收益，通过赎回一部分基金单位同样可以达到现金分红的效果，因此基金分红与否以及分红次数的多寡并不会对您的投资收益产生明显的影响。至于封闭式基金，由于基金单位价格与基金净值常常是不一样的，因此要想通过卖出基金单位来实现基金收益，有时候是不可行的。在这种情况下，基金分红就成为实现基金收益唯一可靠的方式。因此，您在选择封闭式基金时，应该更多地考虑分红的因素。

（十二）个人投资者投资基金，税收方面有哪些规定

在投资理财时，赋税是一项非常重要的考虑因素。投资收益在扣除了各种手续费后，还要再扣除各种税项，才是您最后获得的收益。如果能充分利用各种税收优惠，长期下来将能为您省下一笔相当可观的金额。

由于证券投资基金是针对个人投资者设计的金融产品，因此世界各国大多都对个人购买基金提供特殊的税收优惠，以鼓励大家积极参与投入。正因为证券投资基金在税收上享有特殊优惠，因此它除了被当做一项金融投资工具外，还广泛用来作为合法避税的工具。

目前我国的税收政策对个人投资基金也有很丰富的税收优惠措施，基本上个人投资买卖基金不需要付任何税金，包括印花税、资本利得税、分红所得税。比较起来，股票及债券投资必须缴纳印花税和股息/利息所得税，在税收这个因素上都不如基金投资来得优惠。因此，您应该灵活运用基金的税收优势，有效地达到资产保值增值的目的。

七、衡量基金的几个指标

若想让自己对投资基金的理解提升到一个新的层面，还需要借用一些科学的工具，去透视基金的收益与风险——投资者永远关注的两个话题。

这些工具就像三角尺、游标卡尺、水平仪一样，能够帮助投资者“测量”出目标物体是否符合我们的要求。

值得注意的是，即将登场的这些工具，是基于多年的历史数据和复杂的计算，在基金刚刚进入我们市场时，几乎没有人去重视它们，因为对一般的投资者来说，他们更希望直观、简单地判断一只基金的投资价值。

但是，随着我国基金的发展，相关数据逐渐增多，计算工具也越来越先进，投资者可以便捷地在专业基金网站上找到它们，并利用它们去寻找理想的基金。

1. 收益率

通常，我们是用投资收益率来衡量投资回报。收益率是指投资实际收益与投资成本的比率，它能够衡量一只基金的赚钱能力。投资收益率越高，基金的投资回报就越高。

收益率的计算公式如下：

· 投资收益率 = 投资收益/投资成本 ×100%

· 投资收益 = 期末基金份额净值 + 期间分红 - 期初基金份额净值

· 投资成本 = 期初基金份额净值 + 费用 + 税收

此外，精明的投资者还会在计算时考虑金钱的时间价值及利息成本，因此常常在投资收益率前加上时间期限，例如，年度收益率指的是在一年的时间内获得的投资收益率。

2. 业绩比较基准

业绩比较基准是经常用来评鉴基金绩效表现的一项指标，其还有一些别称，比如“比照标准”、“对比指数”或“指标指数”。业绩比较基准是基金成立时，所选择的一个指数或指数的组合，以此作为基金操作的对比标准，以此指标作为判断基金盈利能力的操作依据——基金经理人以超越这个指标为目标。

3. 标准差

标准差被广泛运用在股票、基金投资风险的衡量上，主要是根据股价或基金净值在一段时间内的波动情况计算而来的。标准差反映了基金总回报率的波动幅度，其数值越大，表明波动越厉害，风险程度也越大。通俗一点儿来讲就是目前股价是否合理，如果股价离股票本身的价值越远，那么标准差越大，风险也就越高。

八、 理清基金投资的整体思路

很多时候，投资者遇到的问题是多种因素的交集。从一定程度上讲，投资者脑海中还没有形成系统化的知识结构体系，是造成这种现象的重要原因之一。因此，在这里会为投资者提供一幅完整的基金投资蓝图，按照一次完整投资过程的逻辑，为投资者梳理出较为清晰的投资决策思路。

投资理财伴随着投资者的一生，本书更希望将其称为完善的人生财富管理规划。但与此同时，投资理财的过程中又会包含诸多细节问题，而这也是导致其理念和方法出现交叉并行的原因之一。

根据投资者在投资基金时经历的不同时期，可以将此过程分成五个基本步骤：投资前、决策时、持有中、赎回时以及赎回后。在每个步骤中，都包含着一些值得关注的问题。

第一步：投资前，应做好哪些准备

在投资前进行充分的准备工作是必要的。俗话说："磨刀不误砍柴工。"在投资前准备充分，才能够在之后的投资中更加顺利。

投资者在投资前首先应重视的问题是投资的必要性。在经济发展的浪潮中，通货膨胀是不以人的意识而转移的。因此，生活在这个经济社会中的人们，必须意识到今天所拥有的资产很有可能会在未来贬值。

在意识了投资的必要性后，投资者应首先根据自身的实际情况来制定投资目标。无论是为了养老、子女教育、住房、购车、结婚，还是仅仅为了抵御通货膨胀，每一个投资者都应该在投资前清晰地了解这些目标，并且应该意识到：对同一目标而言，量化的方式比概念化的方式更容易实现。

当投资者将自己的期望实现的目标盘点完毕后，需要对自己的风险承受能力进行全面的评估。并且应该在此基础上，将此前期望实现的目标与自身的风险承受能力进行比较，看看凭借自己的投资能力与风险偏好，是否具备实现该目标的可能，以此确定合理的、可实现的投资目标。

此外，在投资者对自己的投资能力进行评估时，还应了解自己是否适合基金投资的方式、对于基金投资“专家理财”的特征来说，其更加适合投资经验不足、生活节奏快、理财时间不充裕的投资者。

在综合考虑以上几方面的问题后，投资者的准备工作即可告一段落，由此便进入投资决策的阶段。

第二步：决策时，应重视哪些方面

此处决策的概念，特指投资者在买入基金时所进行的决策。

在投资者决定投资基金后，首先要做的便是加深自己对投资基金的了解，因为投资者至少能够决定一些因素：投资方式、买入与卖出时机以及投资额度与时间。基本上，对投资收益起到决定性作用的因素都掌握在投资者自己的手中，那么投资者又怎能对它不管不顾，对市场行情一无所知呢?

投资者只有在保持了对市场的关注后，才有可能根据经济周期的变化规律，对市场未来的走势进行预判。虽然无法保证判断的准确程度，但通常情况下，投资者对市场的了解程度越高，对自己的判断越有信心。而只有对市场未来的走势进行分析与判断后，才有可能寻找出自己认为合理的买入时机。

实际上，关注经济与市场变化的趋势是一种宏观的思路。在投资中，投资者应始终保持站在宏观的角度分析问题。这样，投资者才能够从整体资产配置的角度来管理自己的财富，才能够制定出更加符合自己需求的基金投资组合。

值得注意的是，投资者在构建基金组合时，首先要确定自己需要购买哪些类型、哪些投资风格的基金，并分析清楚各种类型、各种风格基金在基金组合中所占的比重。在此基础上，才是针对某一类型或某一风格基金的选择。在选择某基金时，投资者必须了解基金的业绩、风险、风格、规模、历史、费用、管理人等诸多方面的信息。上述信息均能够对基金未来的收益产生影响，因此应多加重视，在综合考虑这些方面后，才可作出购买决策。

当然，当投资者购买基金时，还不能忽视一些能够帮助投资者有效节省交易成本的方式。例如，投资者可通过基金公司网上直销的方式申购基金。针对同一家基金公司的不同类型的基金产品，投资者可以运用基金转换的技巧来调整基金组合中各种类型基金的比例，从而节约交易成本。

第三步：持有中，如何成为出色的投资者

持有基金的时期是对投资者心理素质考验最大的时期。很多投资者在投资前都抱着理性投资的理念，但是也都会在持有基金时逐渐露出非理性的苗头。一个典型的例子是，当投资者的投资发生亏损时，无论是账面亏损还是实际亏损，都将很难抑制住情绪的波动。

在心理因素的影响下，不少投资者虽然深知长期投资的理念，但却往往无法坚持下来。当市场震荡下跌时，投资者最容易赎回自给持有的基金。但事实上，此时既没有实现自己的投资目标，也没有出现更适合长期投资以保证基金组合不偏离正确轨迹的产品，并且大部分产生赎回念头的投资者其实并不需要现金。从以上几个方面来看，当前赎回基金并不是明智的选择，但事实往往就是如此。

这时便产生了一个令投资者困扰的问题：在什么情况下应该赎回基金？显然，仅仅是因为市场的下跌就赎回基金的理由并不充分。那么对投资者来说，何时赎回基金才是理性的呢？其实投资者不妨再次回想最初决定投资并选定该只基金时的情景——事实上，当时的投资者有着明确的目标，也有充分的理由选择并持有该只基金。

对于何时赎回基金，投资者不妨从以下两个方面来思考：其一是自己的投资目标与风险承受能力是否发生变化；其二是想要赎回的这只基金的投资风格是否发生变化。上述两点中任意一点发生变化，都能够成为投资者赎回这只基金的理由。当然，在有些时候投资者期望的并非是全部赎回某只基金，而是在不同风险收益特征的资产中进行适应市场波动变化的调整。但无论怎样，以上的思路还是值得借鉴的。

谈到调整，也就顺理成章地引出了调整基金组合的问题。在投资者追求某一投资目标的过程中，需要定期（一年以上）对自己的基金组合进行检视，分析其风险收益特征是否与自己的投资目标相吻合。一般情况下，随着市场的波动变化，组合中各类型资产的比例会自然而然地发生改变，因此也就存在调整基金组合的必要性。

此外，投资者还应该掌握基金投资中的一些理念和方法。例如，如果投资者相信长期收益能够最终带来稳定持久的收益，那么就应该坚信自己的判断，尽量减少市场波动及“市场噪音”对自己心理的影响。又如，投资者应该了解基金定投这种具有特色的投资方式，尤其是对于收入稳定但没有财富积累的投资者来说，尤其应该了解基金定投作为强制储蓄利器的作用。

第四步：赎回时，怎样让钱落袋为安

无论是因为投资者自身发生变化还是因为基金发生变化，总之现在已经到了该要赎回基金的时候。此时投资者又应该关注哪些问题呢？

首先，和当初申购基金时一样。随着投资者在实践过程中的成长，相信现在投资者已经对市场保持一定的敏感性。虽然投资者依然无法准确判断出市场的高点将会出现在什么时候，但不可否认的是，选择一个适当的赎回时机能够为投资者带来更可观的收益。

例如，投资者已经持有某只后端收费的混合型基金很长时间了，再过3个月就满8年，即可享受免除申购费的优惠（视具体基金而定）。如果此时并未有明显的信息表示市场会在未来3个月出现较大幅度的下跌，那么投资者是否应该再持有3个月，以获得申购费用的优惠呢?

另一方面，投资者在调整基金组合时往往是在不同类型与风格的基金之间进行调整，那么此时选择基金转换无疑能够有效节约成本。基本上国内的基金公司都已开通了基金转换业务，但每家公司可转换的基金产品、费率优惠幅度会有所不同，因此，投资者需要在操作前进行详细的了解。

此外，投资者应该关注基金的分红方式问题。实际上，在投资者最初签订基金合同时，就已经约定了持有的基金将采取什么样的分红方式。国内的基金分红方式分为现金分红与红利再投两类。对于追求长期收益的投资者来说，红利再投的方式能够为投资者积累更多的收益，因此如果投资者并非看重现金分红对家庭现金流的改善作用，还是应该选择红利再投。

第五步：赎回后，养成投资理财的习惯

在准备购买到赎回，投资者已经经历了一次完整的基金投资过程。但此时并不意味着投资旅程的终结，与之相反的是，投资将面临一个崭新的开端。

与经济周期变化规律一样，人的一生也会遵循周期变化的规律。投资者的一生无论追求什么，只要其生存在这个经济社会中，就能够将其量化为现金流入与流出的财富曲线。顺应着年龄增长的时间轴，人生的财富曲线始终在变化，并且总会因为一些事件而让这条曲线无法保持平滑。

例如某个投资者，他的生活遵循着大众化的规律：从出生到学业有成，然后开始工作，几年后结婚买房，从此专心于自己的事业与家庭生活。之后的十几二十年每天都在为子女成长而辛劳，也注定会面临18年后一笔大额开支。随着年龄的不断增长，事业慢慢驶过了巅峰期的峰值，直到有一天开始了退休生活。

那么人的一生面临着很多的消费需求，难道仅仅依靠工作收入的增长吗？答案是否定的，对于生活在21世纪的人们来说，一种日渐成熟的观念已经走进了千家万户的生活——投资理念。是的，投资理念虽然不能让人一夜暴富，但却能够为人们带来财富的稳健增值。当今的人们生活在一个幸福的年代，一个能够为实现梦想与目标而付出努力并获取回报的年代，一个能够理性看待家庭财富并不断向财务自由奔走的年代。那么，还有什么理由能够不让投资理财成为永远伴随自己的良好习惯呢？

美国著名思想家本杰明·富兰克林说过这样一句话："有能力的时候，就应为将来未雨绸缪……因为晨光并不会整天照耀……"是啊，面对自己的人生，唯有从今天开始努力，才有可能迎接那幸福照耀下的未来！

第六章　阳光私募产品
——大额投资者的新宠

随着金融市场的不断完善和发展，越来越多的金融产品及金融衍生品出现在金融市场中。我们的理财工具也越来越多。其中，阳光私募就是近几年发展起来的一种面对高端投资者的新的理财工具。

一、　什么是阳光私募

阳光私募基金是借助信托公司平台发行，经过监管机构备案，资金由银行托管，证券由交易券商托管，投资指令由投资顾问及私募管理人完成，并定期公示业绩和运作报告的投资于证券市场的产品，通过这样的结构可以充分保证阳光私募基金的资金安全。简单说，阳光私募基金是信托化了的私募基金。这也是阳光私募基金和灰色私募基金的最大区别。阳光私募基金是合法的，投资阳光私募基金的人也是可以受到法律保护的。

目前而言，私募基金可以投资于中国证券市场上的股票、债券、封闭式基金、央行票据、短期融资券、资产支持证券、金融衍生品以及中国证券监会规定的其他投资品种。目前绝大部分的私募基金是不可以投资海外市场的。

自2004年2月20日赵丹阳在深圳设立第一个信托私募基金——“赤子之心集合资金信托”起，中国的阳光私募基金才真正开始出现，随着公募基金和券商自营部门人员纷纷出进私募基金，阳光私募的队伍规模在不断壮大。私募基金经理人按其从业经历大体可分为三类：公募派、券商派和民间派。目前可明确归类的经理人占统计总人数的80%，其中32%来自公募，43%来自券商，25%属于民间派。公募基金出身的基金经理所管理的私募基金，其业绩明显优于券商以及民间出身的基金经理。

二、 阳光私募的特点

（一）收取20%超额业绩费。当私募基金产生盈利时私募基金管理人会提取其中的20%作为回报。但该超额业绩费只有在私募基金净值每次创出新高后才可以提取。其收取的超额业绩费用也不尽相同。

（二）追求绝对正收益：私募基金管理人的利益和投资者的利益是一致的，私募基金的固定管理费很少，主要依靠超额业绩费。只有投资者赚到钱，私募才能赚到超额业绩费。所以私募基金需要追求绝对的正收益，对下行风险的控制相对严格。

（三）股票的投资比例灵活：在0～100%之间，可以称之为“全天候”的产品，可以通过灵活的仓位选择规避市场的系统性风险。

（四）购买门槛较高：阳光私募基金每份投资一般不少于100万。

（五）私募基金操作灵活：目前阳光私募基金规模通常在几千万至几个亿。相对于公募，总金额比较小，操作更灵活。同时，在需要时，私募可以集中持仓一两个行业及五六只股票。

（六）一般有6~12个月封闭期：阳光私募基金多有6到12个月的封闭期，客户在封闭期中赎回受到限制。封闭期后一般每月公布一次净值并开放申赎。

三、阳光私募适合的投资群体

私募基金一般最小购买资金要求100万，封闭期在6到12个月，因此比较适合高资金量，并具有一定抗风险能力的投资者。

四、如何选择阳光私募产品

私募基金因不公开操作而神秘，更因传闻中的高收益率而愈发神秘。那么，与投资者熟悉的公募基金相比，投资者该如何选择私募基金？

（一）关注其中短期收益

对投资者而言，选择值得信赖的阳光私募，其难度不亚于在众多公募基金中寻找明星基金。阳光私募和公募基金相比有很多差别，阳光私募最主要的特点是投资者进入门槛更高、追求绝对收益、投资限制少、管理更灵活、对基金经理有业绩激励以及对信息披露的限制相对宽松等。由于这些差别的存在，选择阳光私募和公募基金时，就存在较大的差异。

选择公募基金时，投资者需要重点关注其长期收益，而在选择私募基金时，更需要关注其中短期收益，尤其需要关注其短期（3个月、6个月）的投资业绩，这是因为，私募基金规模比较小，而且没有公募基金类似投资方向、最低仓位等条款限制，更具有灵活性和可操作性，如果在6个月之内都难以把握市场趋势和热点，这样的私募基金继续持有的价值将大大降低。

（二）关注核心人物个人能力

除了期限之外，还有更重要的一点区别，就是在选择公募基金时，投资者需要重点关注基金公司的整体投研能力和风险控制能力，而在选择私募基金时，更需要关注私募基金核心人物的个人能力。从阳光私募的业绩表现来看，私募基金的业绩好坏与其核心人物的关联度十分紧密。

近年来，由于各私募基金公司的管理业绩存在明显的差距，致使私募基金产品越来越集中于业绩优秀的基金经理手中。目前在国内众多私募基金中，运作稳定且业绩表现良好的主要有北京星石、北京淡水泉、云南信托、上海证大、上海尚雅、深圳武当、深圳民森、上海朱雀、上海睿信、上海从容、上海涌金、上海重阳等，他们大多由历史业绩优秀的核心人物掌舵，并且已形成自己独特的投资风格。

五、阳光私募基金和公募基金有哪些不同

（一）募集的对象不同。公募基金的募集对象是广大社会公众，即社会不特定的投资者。而阳光私募基金募集的对象是少数特定的投资者，包括机构和个人。

（二）募集的方式不同。公募基金募集资金是通过公开发售的方式进行的，而阳光私募基金则是通过非公开发售的方式募集，这是阳光私募基金与公募基金最主要的区别。

（三）信息披露要求不同。公募基金对信息披露有非常严格的要求，其投资目标、投资组合等信息都要披露。而阳光私募基金则对信息披露的要求很低，具有较强的保密性。

（四）投资限制不同。公募基金在投资品种、投资比例、投资与基金类型的匹配上有严格的限制，而阳光私募基金的投资限制完全由协议约定。

（五）激励机制不同。公募基金公司的主要收入来源，是公募基金的管理费。因此要增加收入，就要尽可能扩大基金的规模，业绩的好坏仅仅是宣传品牌、吸引申购的手段之一。而对于基金经理来说，其薪水和奖金与所管理基金的排名挂钩，因此相对于基金的绝对收益而言，基金经理们更关心的是基金相对排名。而私募基金就不一样了，私募基金公司的收入，主要来源于参与管理的基金的绝对收益中的业绩提成。如果该基金不幸跑成了负收益，那就意味着该公司得不到一分钱的业绩提成，辛苦一年的所得，仅仅是0.25%的管理费。要知道，一只阳光私募基金的规模一般也就在5000万~2亿之间，0.25%最多也就是50万，

可能付房租都不够呢。正因为如此，私募基金才更加重视基金的绝对收益。

六、 私募新品TOT/TOF

伴随着阳光私募基金的快速发展，TOT/TOF产品渐渐地进入了私募投资者的视野。TOT/TOF，意思是信托中的信托（TRUST OF TRUST）、基金中的信托（TRUST OF FUND），简单说就是“私募中的私募”。与很多基民熟悉的FOF产品（FUND OF FUND，基金中的基金）基本类似。TOT/TOF产品可以实现买一款产品，同时享受多家优秀私募投顾公司的投资管理服务。

资料显示，全球范围内大约有8000只对冲基金，其中有2000余只是以FOF（基金中的基金）形式存在的，约占到总数的1/4。FOF已经成为对冲基金的主要资金来源之一，近年来在海外发展非常迅猛，增速大大超过了普通对冲基金。A股市场的阳光私募基金TOT/TOF产品自2009开始面市，主要由银行、信托公司和证券公司作为管理人募集运作，目前发展势头良好，陆续有多家银行及信托机构发行了TOT/TOF产品。

（一）两款代表性TOT/TOF

1. 光大银行“阳光私募基金宝”：

成立于2009年9月15日，首发募集了约十亿元。具体运作模式是：首先由光大银行作为管理人募集资金成立一级信托（母信托），然后再由信托公司设立5只独立进行交易、核算以及托管的子信托。子信托由光大银行筛选后，指定北京星石、上海尚雅、深圳民森等五家私募投资管理顾问公司作为管理人各自独立管理。该产品整体组合配置追求中性偏稳的均衡风格（经瑞富阳光私募基金研究中心进行评价测算，基本符合预期目标），采取主动管理方式，对投资管理人进行选择和更替，以及对管理资金的配置比例进行主动调整，力求控制下行风险，并将净值波动率控制在较低水平。

2. 华润信托“托付宝 TOF-1 号”：

成立于2009年11月6日，首发募集了约1亿元。由华润信托担任管理人，与光大银行“阳光私募基金宝”不同的是，该产品主要直接投资于经由华润信托挑选的，运行在华润信托平台上的70余家阳光私募基金投资管理顾问公司管理的140余只阳光私募产品中表现优异的信托产品。该产品的特点是组合投资、动态优选。

（二）TOT/TOF 产品 VS 普通阳光私募

综合评价，TOT/TOF 产品追求绝对回报、注重控制下行风险、采取组合投资的方式分散风险并平滑波动，但同时也降低了收益率。TOT/TOF 产品虽然由二层管理人进行双重管理，但其业绩表现实际上主要还是取决于阳光私募基金投顾公司，所以完全可以将其归类为阳光私募基金产品。此外，投资者特别需注意TOT/TOF 产品的费用成本比一般普通阳光私募基金产品要高，因为多了一层管理，其管理成本相应会比较高。

伴随着越来越多 TOT/TOF 产品的发行面市，尤其是为数众多的银行渠道积极参与发行营销，可以预见：TOT/TOF 产品未来的发展空间巨大，是最具前途的阳光私募产品。

第七章　保险——为您的人生路遮风挡雨

你未雨绸缪了吗？人生最大的危险就是风险意识的缺失！

生活中我们会面临很多的风险，人生本身就是一个风险的集合体，我们的一生都在与不同的风险作着不停的抗争。那么我们的一生中都要面临哪些风险呢？面对这些风险我们又该如何尽量地降低它们对我们的生活造成的不良影响呢？答案是保险，为自己的一生做好保险规划，就可以有效地降低人生中发生风险的概率。即使风险已经不可避免地发生了，拥有一个合理的保险规划也能极大地降低风险发生后对我们生活的负面影响。所以，保险在我们的理财规划中占据着极其重要的地位。可以毫不夸张地说，保险是一切理财的基础。

一、　人生面临的主要风险

俗话说：天有不测风云，人有旦夕祸福。而就人生而言，任何一个人，在他的一生中都会面临着“生，老，病，死，残”的风险。

生活，人只要活着，就要吃饭，穿衣，就会发生生活费用。但，如果活着，却没有收入来源，生活就会陷入困境。

人从一生下来，前期是依靠父母来抚养，一旦父母由于任何原因中断收入，无法再继续承担家庭责任时，孩子的生活费就有困难了，尤其是现在的三口之家。如果为人父母没有足够的保障，会使自己的子女生活于动荡不安之中。

独立生活，工作时，还要面临天灾、人祸、疾病。这些都有可能让我们随时失去工作，或者丧失工作能力。因此，如果没有合理的保障，也会使自己陷入困境的。

衰老，即长寿风险。有些人觉得奇怪，人长寿是好事，怎么也成为风险呢？长寿，对于养老金不足来说，就是一个巨大的风险。如果富有，就能享受舒适的生活；如果贫穷，那么晚年只能是体味凄凉的滋味。

尤其是发展中国家——中国，在独生子女政策下，如果夫妻双方的爷爷奶奶、爸爸妈妈、外公外婆都健在，那么仅靠子女养老，一对夫妻要承担6位、8位，甚至12位老人的生活，还要养小的，其经济负担不可想象。而且，他们也要面临着失业的风险，如果连自己的生活都有问题，又如何负担老人的养老生活呢？所以，我们必须在年轻时计划好自己的养老问题，为儿女分忧，不要让自己成为儿女的负担。

疾病，即医疗费用的风险。每个人在一生中都会面临着无数疾病的困扰。年轻时因为身强力壮没有感觉，年老时就会感到疾病缠身。如今的医疗费用使得越来越多的人看不起病，吃不起药，无力承担昂贵的医疗费用。现在，由于高科技的发展，转基因食品安全问题，环境污染的影响，使得人们的患病率越来越高。

而人一旦得了疾病，就像多米诺骨牌效应，医疗费用发生了，而收入中断了，需要家人照顾，家人也中断了收入。因此，如果做好了保险规划，虽然无法避免疾病的发生，却能在患病时雪中送炭，不但可以得到保险公司的关怀，感受人间真情，从而尽快康复，而且能够减轻经济压力，不必再为没钱治病而一筹莫展。

死亡，即短寿的风险。尽管每个人最终都会死亡，但是每个人都不知道自己究竟在什么时刻会死亡，同时也都希望死亡的时刻晚些到来。俗话说，人生最大的悲哀莫过于“少年丧父，中年丧夫，老年丧子”，“白发人送黑发人”的人间悲剧是大家都同情的。然而意外风险是无法预料的，因此，如果做好了保险规划，死亡的风险虽然不可避免，而死亡给仍然活着的人所带来的经济影响，生活水平的下降却可以避免。保险能为您生活中的阴暗送来一抹光亮。

残疾，即意外伤害的风险。意外时时刻刻都威胁着每个人，灾难和意外发生后，不但收入中断，还要支付医疗费用。而最坏的结果是——离开了亲人，而亲人在痛不欲生的同时，也不得不为将来的生计而发愁。

如果做好保险规划，意外伤害的发生虽然不可避免，但是意外伤害所带来的经济损失却可以大大减少。您可能不必担心医疗费用，保险公司还有可能补偿因意外导致的收入损失。另外，保险公司还可以雇人为您提供护理服务。保险能在意外伤害的伤心中送来一丝关怀。

既然我们的人生充满各种不确定性和风险，那么配置保险对于我们来讲就显得必不可少、十分重要了。下面我们来看一下保险的重要性。

二、 保险的重要性

（一）不要把鸡蛋放在同一个篮子里

许多人对保险不感兴趣，认为保险的收益太低，他们宁肯把资金投在相对风险较高的股票、债券等项目上。其实，真正懂投资的人都知道：不把鸡蛋放在同一个篮子里。他们常把资金四等分，平均投资在股票、债券、房地产和保险上。当前面三项获得高收益时，保险正好帮助他们节税；当前面三项遭遇失败时，保险却能及时保障他们的生活经济来源，或提供他们东山再起的资金。这正体现出保险是一种特殊的投资：“平时当存钱，有事不缺钱，万一领取救命钱！”

（二）购买保险可以免税

保险赔款是赔偿个人遭受意外不幸的损失，不属于个人收入，因此不征税。根据《税法》规定，个人所获赔款可在计算应纳税所得。另外，被保险人在保险有效期内身故，寿险公司将按合同约定赔付身故保险金，如投保单上有指定受益人的，寿险公司将保险金付给受益人。这种保险金的给付不作为遗产处理，它有以下好处：①可免征遗产税、所得税，有利于财产转移和节税；②不必用来抵偿债务，任何单位和个人无权对这笔保险金进行保全和冻结；③可避免继承纠纷；④可让自己最爱的人合法得到财产。

（三）养儿防老可靠吗?

自我国实行独生子女政策以来，家庭结构变成了“4:2:1”型，即一对夫妇要养四个老人和一个孩子，除自己外，人均要负担2.5人的生活费用。这显然是无力承担的一副重担，所以“养儿防老”恐怕心有余而力不足啊！靠天靠地，不如靠自己，想在老年过上安康生活，只有靠自己未雨绸缪，早早做好保险规划，这是社会进步的大势所趋。人寿保险可帮我们安享晚年，维护个人尊严，真正做到老有所养，老有所依。

（四）保险是身份、身价的体现

人寿保险是专业人士身份、信用、身价的最佳体现，保单上的保险金额可以证明我们的自身价值。

（五）居安思危、有备无患

中国人年平均死亡率是3‰；平均每天16人丧命公路意外；广州每10对夫妻就有1对患不孕症；小偷不一定会来光顾，但我们还是愿意装防盗门；天不一定会下雨，但雨伞却是我们常备的物品；风险并不一定会发生，但保险却不能不买。

（六）年轻时买保险，是对年老时承担的责任

年轻时做年老时的准备，有钱时做没钱时的准备。年轻预备年老，这是极睿智；有钱预备没钱，这是真远见。人生最大的悲哀，莫过于在晚年的时候才发现竟然没有为自己预留足够的生活

费用，而人寿保险则可以保证晚年经济独立，让你的生活过得有尊严。

（七）给自己买保险，是对家庭承担的责任

如果您爱您的家人，您可以说：只要我在，我会照顾你。如果您有一份保险，您可以说：无论我在不在，保单都会照顾你。一份保险，可以让您，即使在上帝面前，也保持坦荡。

（八）给家人买保险，是对将来承担的责任

有时候，保险是一些人对另一些人要继续生活下去而负起的责任！平安时的一点儿付出，胜过灾难时的千百倍祈祷。

那么，在我们的生活中常见的保险产品都有哪些呢？

三、 常见的保险分类

子女教育险：一般是家长为了为子女存教育金时选择购买的一种保险。投保人在保险公司储蓄子女教育金，在扣除一定的费用后，以比银行利息略高的利息复利增值，在未来可以作为子女的教育金的初始费用，即使家长不在了，也不会影响孩子上学所需要的费用。

寿险：人寿保险是指以被保险人的生命为保险标的，以被保险人的生存或死亡为保险事故的一种人身保险。

意外险：意外险，即意外伤害保险。是以被保险人的身体作为保险标的，以被保险人因遭受意外伤害而造成的死亡、残疾、医疗费用支出或暂时丧失劳动能力为给付保险金条件的保险。根据这个定义，意外伤害保险保障项目包括死亡给付、残疾给付、医疗给付和停工给付。意外伤害保险承保的风险是意外伤害。通常，保险公司的意外险产品对意外伤害定义是：以外来的、突发的、非本意的客观事件为直接且单独的原因致使身体受到的伤害。

医疗险：医疗保险，是指以保险合同约定的医疗行为的发生为给付保险金条件，为被保险人接受诊疗期间的医疗费用支出提供保障的保险。医疗保险的范围很广，医疗费用则一般依照其医疗服务的特性来区分，主要包含医生的门诊费用、药费、住院费用、护理费用、医院杂费、手术费用、各种检查费用等。

养老险：养老保险是社会保障制度的重要组成部分，是社会保险五大险种中最重要的险种之一。所谓养老保险（或养老保险制度）是国家和社会根据一定的法律和法规，为解决劳动者在达到国家规定的解除劳动义务的劳动年龄界限，或因年老丧失劳动能力退出劳动岗位后的基本生活而建立的一种社会保险制度。养老险一般由投保人在保险公司储蓄养老金，在保险公司扣除一定的费用后，以比银行利息略高的利息复利增值，等到受益人需要养老的时候，从这个账户中领取养老金。

目前，银行也出现了一些新型的人寿保险。主要包括：分红险、万能险和投连险。

分红险指保险公司在每个会计年度结束后，将上一会计年度该类分红保险的可分配盈余，按一定的比例、以现金红利或增值红利的方式，分配给客户的一种人寿保险。在中国保监会目前的统计口径中，分红寿险、分红养老险、分红两全险及其他有分红功能的险种都被列入分红险范围。

万能险，全称是万能型储蓄类寿险产品。指的是可以任意支付保险费以及任意调整死亡保险金给付金额的人寿保险。也就是说，除了支付某一个最低金额的第一期保险费以后，投保人可以在任何时间支付任何金额的保险费，并且任意提高或者降低死亡给付金额，只要保单积存的现金价值足够支付以后各期的成本和费用就可以了。而且，万能保险现金价值的计算有一个最低的保证利率，保证了最低的收益率。（目前保监会规定的保底利率最高不得超过2.5%，多为此数。）

虽然，万能险非常的灵活（缴费灵活，领取灵活，保额灵活），但是通常在购买万能险时，大多代理人还是会建议客户比较稳定地缴费和有规划地领取，因为万能险的灵活缴费方式和费用扣除情况，有可能会使整个保单失效。万能险可起到兼顾保障和复利储蓄的功能，个人账户收益在保底基础上，跟公司实际经营收益密切相关。

投连险是一种新形式的终身寿险产品，它集保障和投资于一体。保障主要体现在被保险人保险期间意外身故，会获取保险公司支付的身故保障金，同时通过投连附加险的形式也可以使用户获得重大疾病等其他方面的保障。投资方面是指保险公司使用投保人支付的保费进行投资，获得收益。

投连险的费用主要包括初始保费、风险保险费、账户转换费用、投资单位买卖差价、资产管理费、部分支取和退保手续费等，根据产品的不同，上述费用的收取也存在差异，一般头几年的费用较高，适合于长线的理财规划。

在我们的一生中，不同的阶段所面临的主要风险和所要承担的责任不同，自然就决定了我们在不同的人生阶段也需要配置不同的保险产品。下面我们就来看一下在人生的几个不同的阶段需要配置什么样的保险产品。

四、 不同的人生阶段应该如何配置保险

（一）婴幼时期：0～8岁

在婴幼儿时期，孩子很容易感染一些流行性疾病，建议父母给孩子投保一份住院医疗补偿型的保险，而有余力的父母还可以考虑尽早地为孩子储备教育金，或者买一份投资理财型的保险，比如投连险等等。

（二）青少阶段：9～19岁

在孩子踏入青少年阶段，一份意外险是必不可少的，至少可以保障孩子好动的天性所带来的风险。

同时，时间间隔较短的分红型产品是比较适合父母为该阶段的孩子购置的险种，因为分红险定期派发的红利可以在一定程度上替代教育金给付。

当然，缴费和支取都非常灵活，而且还能有一定收益的万能险也可以考虑。

（三）单身期

一般来说，“年纪越小，保费越便宜”，这是购买寿险产品的基本观念。

单身期也是创业期，一般在20岁到30岁之间。此时是一个

人身体状况的黄金时期，同时经济独立，所需承担的经济责任相对较少。那么，作为年轻人，此时的保险需求应以自身保障为主。

初出茅庐的年轻人，收入不是很稳定，主要的风险来自意外伤害，特别是开车族，因此可以选择定期寿险附加意外伤害保险，在发生意外事故或因疾病身故后，可以为家人、父母提供一笔资金或基本的生活费用。

这个时期，养老保险可以暂缓考虑，等收入比较稳定时再根据财力购买。

1. 阶段状况：年轻气盛，四处奔波，意外事故发生率高，保费非常便宜。

2. 购买理由：

（1）父母真的很辛苦，培养我们大学毕业容易吗？

（2）一旦由于意外，致使我们还来不及孝敬父母，怎么办？

（3）通过保险，可以帮助我们完成实现孝敬父母的心愿。

3. 理财方式：努力工作、增加收入、创造财富。

4. 适合险种：意外伤害保险、住院医疗保险、定期寿险。

（四）新小家庭

结婚是人生的一个重大转折，也是保险需求升高的第一阶段。

由于时代的进步以及社会结构的变迁，“男主外、女主内”的时代已成为过去了。在现代社会里，夫妻双方大多是共同负担着家庭的经济责任。因此，双薪家庭该如何规划保险，才能让家庭拥有完整的照料及安全感呢？

对于一个双薪家庭而言，由于家庭的经济收入比较固定，对于保障的需求也就比较强烈。夫妻双方都应充分考虑到整个家庭的风险，任何一方如果遭遇意外或疾病，都会对另一方和整个家庭造成莫大的伤害。这一时期的保险设计，一般以家庭的主要经济支柱为主。夫妻双方都可以选择保障性比较高的终身寿险、定期寿险并附加一定的重大疾病保险和意外险。同时也应尽早考虑未来的养老计划，建议购买一定的养老保险，对夫妻双方的老年生活早做规划。

1. 阶段状况：人生的一大转折，双薪家庭，两人工作忙于奔波，可能贷款买房。

2. 购买理由：家庭的主要经济支柱责任较重，一旦发生意外或疾病可能会使家庭陷入困境，通过保险，可以对心爱的人说："只要你活着，我一定要照顾好你。"

3. 理财方式：以买房为主要目标，增加积极性投资。

4. 适合险种：意外伤害保险、住院医疗保险、定期寿险、重大疾病保险、女性生育保险。

（五）为人父母

孩子的出生，对于一个家庭来说，可以称为"划时代"的变化。此时，对于下一代的抚养教育将成为整个家庭最重要的事情。同时，这一阶段父母的事业均达到高峰，任何一方发生意外，对整个家庭以及孩子人生的影响都是很大的。所以这个阶段，也是父母人生责任最重、保险需求最高的时候。

为了保证孩子的健康成长，首先，作为父母要有相应的保障。因为在孩子人生的最初阶段，父母是最好的安全屏障。家庭中的主要经济收入者应考虑到，如果遭遇意外或疾病，如何保障自己和家庭的生活，缓解由此带来的家庭生活危机。建议购买含重大疾病的保障型保险，并附加较高比例的意外险和健康医疗险。

其次，可以选择为孩子投保。每个孩子都是父母心中的宝贝，为子女规划万无一失的人生，更是身为父母者的天职。随着教育费用的不断上涨，应当为孩子的教育基金早做规划，另外还可以购买保障较高的重大疾病保险。由于目前多数家庭都是独生子女，孩子生性爱动，而且孩子的活动空间也扩大了，因此还需考虑意外伤害保险。

父母在经济允许的前提下可投保一定的养老保险，对自己的晚年生活早做规划。

需要提醒的是，不要光为孩子投保，而忽视了对父母自身的保障，如果父母有意外，为孩子购买保险的保险费由谁负担？

1. 阶段状况：划时代的变化，家庭责任最重的时候，子女教育费用高，成人病危险群体，着手退休金规划。

2. 购买理由：父母发生意外或疾病引起收入中断，对孩子的健康成长影响很大。

3. 理财方式：为子女存储教育基金，兼顾收益与成长平衡，为退休准备，维持积极性投资。

4. 适合险种：子女教育保险、意外伤害保险、住院医疗保险、定期寿险、重大疾病保险、补充养老保险。

（六）养老计划

每个人都有走到老年的时候，而随着现代人平均寿命的延长，退休后的生活保障问题也就显得越来越重要。按一般人 60 岁退休计算，退休后约有 15 年到 20 年的经济衰退期，此时一个人的收入不断减少甚至没有什么收入，到老了才防老就有点太晚了，而且此时由于身体条件的限制，还很容易失去好的保险机会。

如果想要过上有保障的老年退休生活，无须依靠子女来供养，在年轻时就必须未雨绸缪，做好老年退休计划。因此，应该在青中年的时候为自己积累一笔足以支付老年生活的基金。

对于迈入 50 岁以后的中年人，这时候由于子女已经长大，家庭负担也渐渐减轻了，在保险规划方面，应修正或着重于准备退休后的生活费用。可以考虑投保或转换保险契约，修正为具有储蓄理财功能的保险，例如养老保险、定期缴费还本型终身寿险或是年金保险，以通过保险公司的经营运作，保障退休后的老年生活；另外还可附加一些医疗费用保险，以达到老年医疗费用或长期看护支出的需求。适应老龄化社会的来临，及早做好保险规划，让自己的晚年，享有一种尊严自主的银发生活，相信会是你我共同的愿望。

1. 阶段状况：家庭责任减轻，人的寿命日益延长，医疗费用增加，生活费用逐渐增加，退休后收入大幅减少。

2. 购买理由：

（1）养儿防老风险大，有失尊严，基本养老保险只提供基本保障。

（2）您的钱包里只有两种钱：一种是属于现在的您，一种是属于未来的一位老翁所有。如果您今天将老先生的钱花掉，那就是年轻岁月透支晚年岁月，今天透支明天；年轻力壮透支年老力衰，生命的现在时透支了生命的未来时；更有甚者，我们千不该万不该地透支了人活着最重要的“尊严”二字。

3. 理财方式：投资以保本安全为主，减少积极性投资。

4. 适合险种：意外伤害保险、住院医疗保险、重大疾病保险、补充养老保险。

五、 配置保险时常见的误区

由于保险知识的匮乏，经常会导致我们在配置保险时发生错误的配置。配置保险时常见的误区主要有以下几个方面。

1. 孩子保险比大人更重要

张先生，34 岁，私营企业主，资产数百万，妻子在家做全职太太，他们有个 2 岁的儿子，双方父母目前身体健康。

张先生是个很有经济头脑的人，经过几年的打拼，可谓事业有成，一家老小在他的呵护下备感幸福。作为商人的张先生生财有道，却保险意识淡薄，确切地说是很忌讳谈及保险。他认为，自己创造财富的能力很强，而且也还年轻。

张太太的风险意识明显高于张先生。尽管他们的生活很富足，但张太太一直为丈夫的生意经营状况不稳定而担心，总害怕有一天因为丈夫生意失败而倾家荡产，她知道这对于这个家庭意味着什么。

2009 年 6 月，张太太背着张先生购买了保额 50 万元的重大疾病保险，为儿子购买了保额 30 万元的教育金保险，年缴保费。

当大家看完这个小案例之后，一定能够很清楚地看到这个家庭的潜在风险：张先生一家人对张先生的依赖非常强烈，老人、妻子、孩子全部在张先生的庇护之下，他是全家唯一的经济来源。

张先生一家目前具有较为宽裕的储蓄账户。张太太背着丈夫为家庭私立的保险账户中，大部分的钱来自于储蓄账户中的闲置资金。张太太在优越的生活条件之下仍具备很强的忧患意识，固然是好的，但是由于投保知识的缺乏，他忽略了最重要的一点——作为家庭经济支柱的张先生是家庭收入的唯一来源，买保险的钱也是他辛苦打拼出来的财富中的一部分，但是张先生自己却没有任何保险保障。

其实张先生是很典型的一类客户，这类客户只对赚钱感兴趣，往往忽略了理财和风险管理。然而这类客户恰恰更需要保障，因为他们既能使家人享受荣华富贵，亦能使家人颠沛流离。他们在生意场上独具的魄力与勇气，往往是与破釜沉舟、置之死地而后生这类高风险相关联的。因而，张先生的家庭首先要解决的应该是张先生本人的保险。

由于现在绝大多数家庭的生活开支主要靠男性的收入来支撑，因此男性如果给自己买保险，就保障了自己的挣钱能力，也就承担了自己的家庭责任。有调查显示，目前男女的寿命差距越来越大，男性预期寿命要比女性短6年。这是由于男性普遍有着不良生活习惯，如抽烟、酗酒、熬夜等等，且精神压力和意外事故发生率都远远高于女性。这就是为什么翻阅所有的寿险保单费率表，同一险种男性购买所交的保费都要略高于女性的原因。

外出比在家时间还要长的张先生至少需要购买交通意外险和终身寿险，而且要做与其资产相符的较高保额，因为他是家庭唯一的收入来源，这样才能把自己对家人的责任和爱完全进行到底。

2. 保险理财可以发大财

李女士去银行存钱，本来要存5年定期存款。银行理财人员根据李女士的资产配置状况发现她并没有保险配置，于是建议她将要存入5年期定期存款的5万元购买一款5年期分红产品。因为当时李女士时间比较紧张，所以她让银行理财人员简单给她介绍一下这款产品。当她听到理财人员说到分红险是复利计息，也就是利滚利计息时，误以为通过这款分红险产品可以获得很高的收益率，所以没有再继续听理财人员的介绍就用5万元钱购买了这种分红险产品。可是一年以后，当李女士收到保险公司的分红单时，她发现自己的5万元钱经过一年不但没有增值，反而缩水了几百块钱，而一年的分红也只是刚刚超过一年期定期存款而已。李女士很失望，于是来到银行要求退掉这份分红险。当银行理财人员给李女士解释分红险需要投资较长时间才能获取相对较好的收益，而且投资分红险收益并不是最需要考虑的因素，而是应该更多地从资产配置及个人的保障上去考虑时，李女士还是没有听从理财人员的劝说，坚决退了保。而结果就是李女士的钱不光白放了一年，而且还损失了两百多块钱。

保险理财是通过保险进行理财，是指通过购买保险防范和避免因疾病或灾难来临时带来的财务困难，同时通过合理的规划获得资产的保值和增值，而不是发大财。一般来说，保险产品的主要功能是保障，而一些保险所具有的投资和分红只是附带功能。一些购买了分红险的客户发现收益与预期相差太远后纷纷退保，这种购买保险的心态不是成熟的投保心态。

保险的主要作用是在保险人遭受了保险责任范围内的风险损

失的时候，可以得到及时和可靠的经济补偿或者给付保险金。近年来，保险公司退出了很多新产品，可以在保障的基础上实现保险资金的增值。但是相对其他金融产品，因其风险很低，并且具有一定的保障功能，所以在收益上比不上一些其他的金融产品，比如基金、债券等等。

购买保险产品时，不能重回报、轻保障。不能把保险的功能本末倒置，当然，目前市场上一些分红险、万能险等保险产品，只要能够投资足够长的时间，收益还是要比银行存款利息高的。

3. 不要过多地重复配置保险

丁先生在一家事业单位工作，每年都能节余一部分资金用做储蓄。自从丁先生了解到了有分红险、万能险这样的产品后，几乎一有闲钱就把资金投资在分红险和万能险上。几年之后，丁先生的银行账户中，各个不同保险公司的类似的分红险、万能险产品竟然占到了丁先生银行资产的80%。

任何东西都是过犹不及的，虽然说保险对于资产的配置来讲很重要、不可或缺，但也不是多多益善的。保险一般的保障周期都比较长，万一丁先生急需用钱而不得不把保险账户中的资金拿出来的话，就有可能因为提前退保而使自己蒙受一定的损失。举个例子来讲，人生就好像在茫茫大海中航行的一艘轮船，不远处的美丽小岛就是我们每个人想要最终到达的财富终点。每个人的船上都不能缺少船帆和救生圈。船帆就类似我们的风险资产，救生圈就类似于我们的保险资产。当然，帆越大，船的航行速度就越快，但是同时也面临着翻船的风险。船帆越小，翻船的风险就越小，但我们向目标航行的速度肯定也不可能太快；同样道理，任何人的一生都不可能是风平浪静的，我们会面临很多的风险，我们的财富之船可能会翻船，翻船之后就能体现出救生圈的价值了，它不至于让我们失去生命。但是，如果船上的救生圈过多的话也没有必要，因为每个人只需要一个救生圈就够了，过多的救生圈就变成资源浪费了。

所以，配置保险要根据自己的实际情况有一个合理的资产配置，不要过多地配置，造成资源的叠加和浪费。

4. 分红保险可以保证年年分红

分红保险并不能保证年年都分红。分红保险的红利来源于保险公司经营分红产品的可分配盈余，包括死差、利差、费差等。其中，决定分红率的重要因素是保险公司的投资收益率。通常情况下，投资收益率越高，分红保险的年度分红也会越高，但这也不是绝对的。因为我们还要同时考虑到死亡实际发生情况、保险公司的费用支出等情况的影响，所以分红保险一般每年都会有一定的分红，但不是保证的。

5. 只要投保，能提供所有的保障。以重大疾病险为例，保险公司能够赔偿的“重大疾病”往往和我们真正生活中自己认为的“重大疾病”不是一个概念。许多我们平时人为的“重大疾病”并不包含在保险公司的赔偿范围内。这就要求在投保时认真阅读保险合同中的每一项条款，看一看这种保险到底适合不适合您的实际情况。

除了以上几个常见的误区之外，在购买保险时我们还应该注意一些事项。

六、 购买保险时的注意事项

买保险是为了规避人身风险，建立个人保障体系的有效方法。同时，它还是一种理财方式。要想正确地利用这种方式理财，就应该学习和了解一些有关保险的基本知识。如果人云亦云，或者想当然地去买保险产品，结果可能会适得其反，不但让您花钱买了不一定需要的产品，还会让您烦心很长一段时间，甚至烦心一辈子。

一般来讲，保险分为社会保险和商业保险。

社会保险是法定的保险，也可以被称做政策性保险。它是国家管理部门以法律为依据，以行政手段实施和管理的保险，凡是参加工作或自谋职业的成年人都必须参加的保险。它可以为参保人员提供基本医疗保险、基本养老保险、工伤保险、失业保险和生育保险范围内的经济保障。因为社会保险是政府行为，所以它带有强制性的特点。雇主（或机构）在雇用雇员时应该签订劳动合同，雇主（或机构）应该为雇员办理社会保险，这是雇主应有的社会责任和义务。如果公司不为雇员办理社保，就是一种违法行为，在掌握了相关证据后，可以向当地劳动监察大队进行投诉、举报。还可以向当地媒体求助，揭露那些不良老板的违法行为。

个体人员可以以自由职业者的身份，在户口所在地参加社保（至少目前的政策是这样的），之后要履行按时、足额、连续缴费的义务。参保人员在遇到以上基本医疗、基本养老和生育保险问题时，可以得到相关方面的经济保障。

社保强调的是社会公平（参保人员每人只有一份），它的基本原则是：低水平，广覆盖。保障是保而不包。所以，它的保障度是不能完全满足个人需求的，于是，就需要商业保险来作补充了。

商业保险是集社会（参保人员）力量为少部分被保险人在遇到某些（如重大疾病、意外伤害、医疗健康等）人身风险时提供应有经济保障的保险。购买商业保险是一种商业行为，它是应该根据个人的需要和个人的经济支付能力来购买的保险，既然是商业保险，它就带有强烈的商业色彩，它是社会保险的补充。商业保险强调的是个人公平（根据自己的需要和经济能力进行购买，买得多，保障多，买得少，保障少，不买就没有保障），它的定位应该是：社会保险的补充。购买原则是：自愿原则。

这两种保险的共同特点：为被保险人提供一定程度上的经济保障。社保是一定要买的，因为它带有一定的福利性。至于商业保险买与不买、最需要买什么险种、买多少，那要根据个人的需求和经济支付能力来确定。

买保险买的是保障，而保障是人人都需要的。所以，买保险之前一定要搞清楚：什么是保险？为什么要买保险？我最需要的是什么样的保障？我需要多少这样的保障？就我现有的能力能买多少我需要的保险产品？如果您真想给自己和家人买一些保险，建议您：

首先学习和了解一些保险知识，从而了解保险的作用和意义，同时明确自己对保险的需求。然后按自己的实际需要和经济能力进行投保。真正做到：明明白白消费，踏踏实实享受。不然的话，由于自己一时的无知，换来的可能是今后无限的烦恼。

对于成年人来说，买保险应该先买社保，之后，可以选择买一些商业保险进行补充。因为，社保是基础，商业保险是补充。买商业保险有一些基本原则，如：先大人，后孩子；先基本，后完善；先近后远……了解并遵循这些原则，应该是非常有必要的。如果您还想了解更多关于保险方面的专业知识，可以到保险网上去看一看。或者找一位有责任感、业务精通的高素质保险业务员，进行相关的业务咨询。

不少的人买商业保险之前，只有购买的欲望和冲动，而没有认真地去了解一下相关的保险知识，听业务员三说两说就买了。拿到保单后也不再认真地看一看其中条款的内容，事后跟别人聊起来，才慢慢感觉到自己对已经买的保险到底保的是什么都不清楚，或者发现自己买的保险并不是自己想要的产品。那个时候的懊悔将是追悔莫及的。有鉴于此，建议您还是先学习、了解，再决定购买。正所谓：磨刀不误砍柴功。

一般来说，每个人理想的基本有效保障：终身健康险应不低于 30 万元；意外伤害险应不低于 20 万元/年；养老险应不低于 10 万元。商业保险并不是有一份就可以解决问题的，但也要量力而行。

对于工薪族来说，购买商业保险的费用应该在年收入的 15%左右。如果少了，保障度可能会显得不足；如果超了，可能会对日常生活产生一些不良影响。

保险公司在承保时，对被保险人和投保人有一些要求，即：被保险人必须是健康体，投保人应该有稳定的收入和缴费能力及对于未成年人的赔付金额不超过 5 万元。

买商业保险（无论什么险种），肯定是越早买越好。因为它有一个规律：在保障度一样的情况下，所交保费是随参保年龄的增长而增长的。

保险是一门学问，买商业保险需要的是：要有周密的统筹计划安排和循序渐进的心理准备，不要设想一次投入就能解决一生的保障需求，或者，买一份保险就想为自己提供多方面的保障问题。

正确的投保做法应该是：

1. 买保险前的学习和了解非常重要。尽量多学习一点儿保险知识，正确认识保险的功能和作用；

2. 选择一家实力强、信誉好的保险公司；

3. 选择一个有责任感、诚实可信、业务精通、从业 3 年以上能为您提供良好的售前、售中、售后服务的高素质业务员为您提供服务，这一点很重要；

4. 选择适合自己需要的险种组合；

5. 收到保单后，应在 7 天内多次认真仔细阅读每一条款，如遇不解或疑问，应随时与保险公司或业务员取得联系，进行咨询。如对所投险种不满意，10 日之内可以无条件退保，以确保自身的利益免受损失。所以，投保前的前期选择非常重要。

总之，保险对于每个人都是不可或缺的，因为在我们人生的道路上我们要面临太多的可知的和不可知的风险，这些风险都给我们的美好人生带来了很多的不确定性。正是因为这样，保险才显现出了它本身的价值：为我们的美好人生保驾护航、遮风挡雨，让我们平稳地向着我们的财富目标不断前进。

第八章　黄金——保值增值一路有金

《国语》有云："故先王以土、金、木、水、火相杂，以成百物。"黄金，金木水火土的结晶。据古史记载，一锭上好的黄金来自金属矿藏的坚硬与铿然，来自泥土的谦逊质朴与流水的淘洗糅和，来自木炭燃起火焰的煅烧。

黄金，这种蕴藏于地底的金色物质，其稀缺性无与伦比，货币属性独一无二，投资功能更是赏心悦目。黄金，令人充满希望和期盼。为此，世人把欧若拉（Aurora）这个最高贵的符号赐予了它（黄金的标识为 Au）。黄金在人们的心中，等同于女神。

近年来，伴随着持续的黄金牛市，黄金已经成为投资者持有金融资产中增值速度最快的资产之一，越来越多的人正在加入黄金投资的行列，享受黄金为财富生活带来的无穷乐趣……

一、　黄金投资的价值何在

西方最伟大的经济学家之一约翰·梅纳德·凯恩斯（John Maynard Keynes）说过这样一句话："黄金在我们的制度中具有重

要的作用，它作为最后的卫兵和紧急需要时的储备金，还没有任何更好的东西可以代替它。”是的，没有任何更好的东西可以代替黄金，它的神奇，无法言喻。

对于爱美的女士，黄金是她们举手投足间最耀眼的光芒；

对于贵族、帝王，黄金是他们尊贵权势的身份象征；

对于科研人员，黄金是具有良好物理属性和稳定化学性质的天然产物；

对于经济学家，黄金是商品交易中最好的等价物；

对于世界各国，黄金是他们最看重的储备之一。

对于广大的投资者，黄金不仅是应对通货膨胀、抵御金融风险、实现资产保值、增值的有效金融工具，更是投资者资产组合配置中必不可少的重要组成部分。

二、 黄金的特点和用途

黄金是人类较早发现和利用的金属。由于黄金稀少、特殊、珍贵，自古以来被视为五金之首，享有其他金属无法比拟的盛誉。正因为黄金具有“贵族”的地位，一段时间曾是财富和华贵的象征，用做金属储备、货币、首饰等。直到目前为止，黄金在上述领域的应用仍然占主要地位。黄金的特点和用途主要包括以下几方面：

（一）财富价值的保卫者

通货膨胀是财富的天敌，它会侵蚀资产的价值，让购买力降低。如下表所示，当通货膨胀率为3%时，1万元在20年后的购买力只相当于现在的54%，如果通货膨胀率为15%，则20年后其价值就几乎接近0。也就是说，在每年15%通货膨胀率的侵蚀下，如果不做任何投资，20年后手上的1万元现金基本上等同于废纸。

表1　1万元现金购买力的变化

年通货膨胀率	1年后	5年后	10年后	20年后
3%	0.97	0.86	0.74	0.54
7%	0.93	0.70	0.48	0.23
10%	0.90	0.59	0.35	0.12
16%	0.85	0.44	0.20	0.04

历史上，恶性通货膨胀事件数不胜数。德国在一战中丧失了总人口的10%和将近1/7的土地，换来的是1320亿马克的赔款，德国拿不出这笔钱，于是饮鸩止渴采用了增发纸币的办法。真正的灾难开始了。随着印刷机全速开动，1921年1月31日，世界金融史上前所未有的恶性通货膨胀，如同张开翅膀的死神，扑向了已经奄奄一息的德国经济。

产品和工业品生产都在急剧萎缩，市面上商品短缺，唯一不缺的就是钱——纸币！没有购买力的纸币叫人想着就伤心，孩子们在街上大捆大捆地拿它们堆房子玩。1923年《每日快报》上刊登过一则轶事：一对老夫妇金婚之喜，市政府发来贺信，通知他们将按照普鲁士风俗得到一笔礼金。第二天，市长带着一众随从隆重而来，庄严地以国家名义赠给他们1万亿马克——而这在当时仅仅只能够喝一杯茶。

时至今日，津巴布韦可以说是世界上通胀最厉害的国家，据联合国数据显示，其通胀率已经高达15000%。超高的通胀率导致民众生活日益艰难，搭一程来回巴士上班需要160万津元，买一块面包需要80万津元，一罐啤酒需要70万津元。

通胀，使钱变得不值钱。所以，津巴布韦人买东西需要拎上好几个袋子的钱，据称，在津巴布韦最为紧俏的日用品竟然是点钞机！

战胜通胀，是我们理财的首要目标。而应对通货膨胀的最好办法就是赶在通胀上升前持有抵御通胀的资产。一般来说，抵御通货膨胀的最佳对策是变现金为实物投资，而黄金当仁不让成为了投资者的首选。

黄金天然具有对抗通货膨胀的独特价值。作为这个世界上唯一的非信用货币，黄金与纸币、存款等货币形式不同，其自身具有非常高的价值，而不像其他货币只是价值的代表，本身的价值却微乎其微。在极端情况下，货币会等同于纸张，但黄金在任何时候都不会失去其作为贵金属的价值。因此，可以说黄金是价值永恒的代表。

据说在公元前562年的古巴比伦时代，一盎司黄金可以购买350条面包，今天，一盎司黄金仍然可以买350条左右的面包，在2500多年里，黄金对于面包这一基本食物的购买力，保持了让人惊奇的恒定。英国学者史蒂芬·哈姆斯顿曾对英国过去400年间的商品批发价格和黄金价格进行比照，结果发现，在从1596年到1997年的400年间，与其他商品的价格相比，黄金的购买力始终围绕一个相对固定的比例上下波动。

黄金专家罗伊·贾斯兰特分析了4个世纪的黄金购买力，也得出了“20世纪中叶的黄金购买力和17世纪差不多”的结论。他发现在一个长期的时间段里，黄金始终会保持它恒定的购买力水平，每半个世纪，商品价格就会回复到恒常数量的黄金价值上去，而不是黄金价值按商品的价格波动而波动。

不论政治动乱还是经济动荡，都不能使黄金的价值贬为零；无论经历怎样的社会变迁和岁月流逝，黄金的价值长存。这就是黄金为什么可以防止通胀、使资产保值的原因。

（二）资产增值的履行者

1979 年 3 月 12 日，《商业周刊》头版显著刊登着这样一则大标题“美国的衰落”，封面背景图案是苦着脸、脸颊上还挂着泪水的自由女神。原来，在上世纪的 70 年代，美国经济不断下滑、大量银行破产、浪费的生产力和居高不下的失业率，使得经济无法再恢复并带来了巨大的通胀压力。在这段期间里，“投资”成为了人们谈及色变的词语。

黄金，却成为了当时唯一的“亮点”。1972 这一年，伦敦黄金市场的价格从年初的每盎司 46 美元上涨到该年末的每盎司 64 美元。1973 年，金价突破了 100 美元。1974 年至 1977 年，黄金价格在 130 美元至 180 美元范围内波动。

1978 年，OPEC 石油组织国家发动了第二次石油战争，大大刺激了黄金市场价格的飞速攀升，黄金价格从 1977 年底的每盎司 244 美元，一年内翻了一倍，在 1979 年达到每盎司 500 美元。

1980 年 1 月，黄金市场步入了历史上最惊心动魄的一刻。黄金在 1 月的前两个交易日里，价格就从每盎司 110 美元升到 634 美元。

从 1968 年的每盎司 35 美元到 1980 年 1 月最高峰时的每盎司 850 美元，这轮疯狂的黄金牛市在金融史上的确是令人瞠目结舌的一段时光。这意味着在12年里，金价每年的增速达到近30%，远远超过同期7.5%的通胀率。即使股票市场历史上最大的牛市与此相比也显得苍白无力。1949年中期到1961年这12年的股市大牛市，同期回报也只有年均收益19%，而当时黄金市场的市值仅有股票市场的1/5。到了1980年，黄金市场总市值达到16万亿美元，超过了股票市场14万亿美元的总市值。难怪一位身处其中的瑞士银行金属交易员会这样发表评论："这个市场显示出人们只可以相信黄金了。"是的，这段历史告诉我们，黄金不仅有战胜通胀、使资产保值的功效，而且在资产增值、获得投资收益方面也表现优异。

（三）弥足珍贵的稀缺性

黄金、基金、股票、信托、债券、房产，除去风险程度和投资门槛的不同，这些理财产品都有保值或增值的特性。那么我们为什么会选择黄金呢？这里还有个很重要的原因——黄金独具稀缺性。

根据世界黄金协会（World Gold Council）公布的数据，人类历史上4000年开采的黄金总量约为16.1万吨。这16.1万吨黄金是什么概念？两个符合奥运标准的游泳池（50×21×1.8米）足够装得下这所有的黄金。在这16.1万吨黄金中，24%是作为各个国家拥有的官方金融战略储备和企业、私人等民间金融黄金储备，另外60%的黄金是作为一般性商品状态存在，比如存在于首饰制品、历史文物、电子化学等工业产品中。真正进入投资领域的黄金仅仅有2.576万吨左右。这2.576万吨中实际在市场中流通的就更少了。如果我们用全世界60亿人来衡量的话，那么人均只有12克左右。黄金的稀缺性显而易见。

也许有人会问：既然黄金供给不足，那么增加开采量不就可以满足需要了吗？首先，黄金的矿藏资源越来越少，无论是南非160公里长的金脉，还是美国加利福尼亚州樱桃般大小的金矿，都几乎被挖光，剩下的黄金都是埋在偏远角落里的残迹。其次，金矿的开采成本是很高的，通常一个金矿按照正常的程序平均需要7年至10年才能产出黄金来，光地质探矿就需要2年至3年，然后再做工程、开采矿石、冶炼，这些最快也要4年至5年。

正所谓"物以稀为贵"，如果黄金真变成路边随处可见的石头，那么也就不会具备保值、增值、储藏的神奇功能。黄金，因为稀缺才更加完美。

（四）"五金之首"当之无愧

由于黄金具备独一无二的完美性质，在工业与科学上的应用极其广泛和重要。它具有极高的抗腐蚀稳定性；良好的导电性和导热性；金的原子核具有较大捕获中粒子的有效截面；对红外线的反射能力接近100%；在金的合金中具有各种触媒性质；金还有良好的工艺性，极易加工成超薄金箔、微米金丝和金粉；金很容易镀到其他金属和陶器及玻璃的表面上，在一定压力下金容易被熔焊；金可以制成超导体与有机金等。正是因为有这么多的有益性质，使得金有理由广泛应用到最需要它的现代高科技术产业中，如电子技术、通讯技术、宇航技术、化工技术、医疗技术等。

三、 黄金投资的优势

（一）税收优势

相比其他投资品种，黄金投资可以看成是赋税最轻的投资工具。如，进行股票交易需要交纳印花税，进行房产投资需要交纳契税或所得税。目前国内尚未征收遗产税，但是征收呼声很高，也是大势所趋。从合理避税的角度出发，将财产以实物黄金的方式作为遗产传给子女不失为一个好的途径。

（二）抵押便利

以黄金作为抵押品，与房产、股票、珠宝、名表、古董、字画等资产相比更有优势。黄金是一种国际公认的资产，一般的典当行都会给予典当黄金的客户较高额度的短期贷款。

（三）庄家难做

中国股市曾是一个庄家横行的时代。而黄金市场是一个全球性的投资市场，与外汇市场类似，单个庄家或者财团难以具有操纵国际黄金市场的能力，个别的操纵行为也难以长期维持。

（四）交易不停歇

黄金市场是一个全球性的投资市场，由于国际上重要的金融中心，如纽约、伦敦、东京、香港等位于不同的时区，这保证了在某一市场休市后，另一时区的市场仍在继续交易。因此，黄金投资理论上是可以24小时不停歇的。

四、 黄金投资的渠道与品种

（一）投资视野下的全球黄金市场

在经历了岁月的洗礼和磨练后，黄金从神秘的宫殿中走出来，成为人们伸手可及的投资工具。发展至今，全球黄金市场已经演变成为一个不可分割的整体。目前，全球的黄金市场主要分布在欧、亚、北美三个区域。欧洲以伦敦、苏黎世黄金市场为代表，亚洲主要以中国香港为代表，北美主要以纽约、芝加哥为代表。

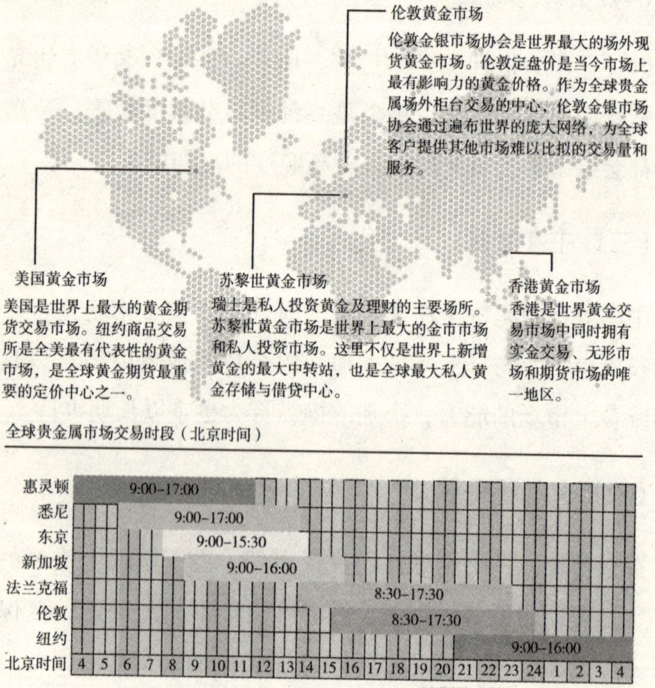

图1　全球黄金市场分布和交易时间

全球各大金市的交易时间，以伦敦时间为准，形成伦敦、纽约连续不断的黄金交易。伦敦市场每天上午 10:30 早盘定价，揭开北美金市的序幕，纽约、芝加哥等先后开市。当伦敦下午定价后，纽约等金市仍在交易，此后中国香港也加入交易，可见黄金市场是一个 24 小时不停交易的市场。

（二）我国黄金投资的主要场所

为了对我国黄金市场有个宏观和全面的了解，避免参与非法黄金交易，投资者需要对我国黄金投资的主要渠道有所了解。

20 世纪 90 年代前，我国对黄金的生产、加工、流通、交易实行严格的“统收统配”制度，取缔了任何形式的市场交易。1983 年 6 月颁布的《金银管理条例》明确规定，中国人民银行统一办理黄金的收购和配售，制定黄金收购和配售价格，统一管理黄金进出口，负责审批黄金生产、加工、批发、零售及黄金来料加工业务。

1993 年 9 月，中国人民银行改革了黄金定价机制，将黄金固定定价改为浮动定价，黄金收购价格按低于国际市场价格 10% 的水平制定；黄金配售价格与国际市场金价一致。1999 年 10 月，中国人民银行下发了《关于白银管理改革有关问题的通知》，放开了白银市场。2001 年 6 月，中国人民银行取消黄金定价制，对黄金收售价格实行周报价制度。2001 年 8 月，我国取消黄金制品零售业务许可证管理制度，实行核销制。2002 年 10 月，上海黄金交易所成立。

上海黄金交易所的建立，标志着中国黄金“统购统配”制度彻底结束。经历了近 20 年的改革和发展，现在我国黄金的生产、加工和流通等环节基本实现了市场化运行。

上海黄金交易所和上海期货交易所是我国黄金投资市场的主要渠道，也是我国黄金投资场内市场的主要组成部分。我国场外市场的询价交易活动主要由三个部分组成：一是商业银行自有黄金业务；二是企业间黄金类交易；三是企业与零售个人间黄金交易。

上海黄金交易所是经国务院批准，由中国人民银行组建，在国家工商行政管理局登记注册的，不以营利为目的，实行自律性管理的法人。交易所实行会员制组织形式，接受中国人民银行的领导和监管。

交易所遵循公开、公平、公正和诚实信用的原则组织黄金、白银、铂交易。

上海黄金交易所的交易产品可分为黄金现货和黄金延期 Au（T+D）等八个黄金品种，铂金品种一个，白银品种两个。现货交易共有四个品种：Au99.95、Au99.99 和 Au50g、Au100g。保证金品种有四个：Au（T+D）、Au（T+5）和 Au（T+N1）、Au（T+N2）。以保证金方式进行交易，可以选择当日交收，也可以延期至下一个交易日交收，同时引入延期补偿费机制平抑供求矛盾。

五、 黄金市场监管框架

中国黄金市场的监管框架包括两个层面：金融监管部门的监管和市场的自律性管理。

金融监管部门的监管主要包括：（1）人民银行对黄金市场的

监督管理。(2）中国银监会对商业银行开办黄金业务进行准入性监管。(3）中国证监会对黄金期货市场进行监管。

市场的自律性监管主要包括：根据各自的《章程》和《会员管理办法》，上海黄金交易所和上海期货交易所对其会员的自律性管理。

六、实物黄金的主要分类

黄金按其来源的不同和提炼后含金量不同，分为生金和熟金等。

生金也称为天然金、荒金、原金，是从矿山或河底冲积层开采的没有经过熔化提炼的黄金。生金分为矿金和沙金两种。

熟金是生金经过冶炼、提纯后的黄金，一般纯度较高。人们习惯上根据成色的高低把熟金分为纯金、赤金、色金三种。按含其他金属的不同划分，熟金又可以分为清色金、混色金、K 金等。K 金是指银、铜按一定的比例，按照足金为 24K 金的公式配制成的黄金。一般来说，K 金含银比例越高，色泽越青；含铜比例越高，色泽为紫红。1982 年以后，我国与国际标准统一起来，以 K4.1666% 作为标准。

七、个人投资黄金的主要方式

从实物到衍生品，黄金家族如同气派的树木，枝繁叶茂。国际上个人投资于黄金的主要方式有：实物黄金（包括金条金块、纪念金币和黄金饰品）、纸黄金、“T＋D”递延交易、黄金股票、黄金衍生产品等。

（一）实物黄金

没有实物黄金作为黄金投资家族的根基，就不会有如此多的投资品种抽枝展叶。黄金的特性决定了它在人类历史上的重要性，木之根基稳如磐石。

入门级——存在感十足的金条金块

投资金条是投资实物黄金的“主根”。

优点：附加费用低廉，流通性强，可以在世界各地得到报价；从长期看，金条具有保值功能，对抵御通货膨胀有一定作用。缺点：占用一部分现金，而且在保证黄金实物安全方面有一定风险。购买实物金条、金块应通过正规渠道，选择知名企业并妥善保存有关交易单据，应注意保证金条外观，包括包装材料和金条本身不受损坏，以便将来出手。

收藏级——美感十足的金币

投资金币如须根，不是投资实物的主要方式，但也不可或缺。由于纯金币与黄金价格基本保持一致，其出售时溢价幅度不高，价格主要取决于金价，但其具有美观、鉴赏、流通变现能力强和保值功能，所以仍对一些收藏者有吸引力。纪念性金币由于存在较大溢价幅度，其收藏投资价值要远大于纯金币。特别是一些主题性的金币，如奥运纪念币等更是受到收藏家追捧。纪念性金币的价格有三个决定因素：一是数量越稀少越好；二是年代越久远，价值越高；三是品相越完整越好。

情趣级——美化生活的金饰

购买金饰则是金币之外的其他须根。对于金饰来讲，其投资意义要比金条和金币小得多，原因在于金饰的价值和黄金的价格有一定的差距。饰金的加工工艺要比金条、金块复杂，因此需附加较多的加工费、品牌价值及其他税费，这就使饰金价格不断抬高，回收时折扣损失也大。对于职业投资者来讲，饰金不具投资价值。恰当的实物黄金投资适用于收入稳定、消费压力较小的年轻白领资产雄厚、公司营业状况稳定、期望在保证安全性与流动性的前提下通过多元投资渠道分散风险的企业老板或高层管理者，以及承受风险能力小、需要安全稳定的退休人士。

（二）黄金投资衍生品

流行级——快捷的买金方式

纸黄金如同木之躯干，从实物黄金延伸而来。纸黄金是黄金的纸上交易，投资者的买卖交易记录只在个人预先开立的“黄金存折账户”上体现，而不涉及实物金的提取。盈利模式即通过低买高卖，获取差价利润。纸黄金实际上是通过投机交易获利，而不是对黄金实物进行长期投资，如同树干最易被人接触那样，投资方便，投资稳定性居中。优点：交易方便，投资门槛低，适合中短线投机获利。缺点：不可提实物，交易价格由做市商的商业银行给出，并非直接与国际金价接轨。

潮流级——阶段性的投资机会

黄金股票是黄金投资的一个分支延伸，如木之枝桠。所谓黄金股票，就是黄金公司向社会公开发行的上市或不上市的股票，所以又可称为金矿公司股票。整体说来，黄金价格走向直接决定黄金公司的业绩，黄金价格走高，黄金上市公司业绩就会提高，黄金股票的投资价值就会提高，黄金股价就会走高；反之，黄金价格走低，黄金上市公司业绩就会下降，黄金股价就会走低。优点：交易方便，可长线可短线，根据需要随时调整，可做价值投资。可作为股民丰富投资股票组合的选择。缺点：涨跌幅度较大，基本不具备投资于黄金的保值和避险功能。受金价、资本市场、企业状况等因素影响，黄金股票价格往往偏离黄金价值。

大牌级——市场敏感度要求高

黄金“T+D”递延交易是指以保证金的方式进行的一种现货延期交收业务，与黄金期货一样可以进行买空与卖空双向交易，买卖双方以一定比例的保证金（合约总金额的20%）确立买卖合约，买卖双方可以根据市场的变化情况，随时平掉持有的合约，在持仓期间将会发生每天合约总金额万分之二的递延费，递延费支付方向要根据当日交收申报的情况来定，如果客户持有买入合约，而当日交收申报的情况是收货数量多于交货数量，那么客户就会得到递延费，反之则要支付。黄金“T+D”递延交易只有上海黄金交易所的会员才有资格进行交易。黄金“T+D”如同木之新枝，虽历史不久，却因旺盛的生命力被人们所关注。优点：占用资金少，有杠杆放大效应，可进行卖空操作，流通性强，可以交割实物。缺点：投资风险大，投资者应对黄金行情走势有一定研究，应对市场有判断力，风险承受能力强。

达人级——炒金的最高境界

黄金期货与期权，如同木之叶片。作为黄金的衍生产品，这两种投资方式都具备较强的投资杠杆，风险更高，波动更大，更加适合企业或机构投资者。与其他期货买卖一样，黄金期货也是按一定成交价，在指定时间交割的标准合约。黄金期货以实物黄金为合约标的，要求投资者为能最终购买一定数量的黄金而先存入一笔保证金（一般为合同金额的10%至15%）。因此，黄金期货合约交易只需15%左右交易额的定金作为投资成本，即少量资金推动大额交易，所以黄金期货买卖又称“定金交易”，但同时，其风险和收益也被放大，最高可至10倍，价格波动也远远大于实物黄金和纸黄金。一般而言，黄金期货的买入者和卖出者都在合同到期日前，通过出售或购买与先前合同相同数量的合约而平仓，而无需真正交割实金。每笔交易所得利润或亏损，等于两笔相反方向合约买卖差额。优点：杠杆机制灵活，流通性强。产金企业可利用买卖同样数量和价格的期货合约来对冲黄金价格波动可能带来的损失。缺点：由于杠杆效应及强行平仓制度的存在，该投资品种风险大，对投资者要求较高。

高端级——市场供求关联密切

黄金期权是指买方（卖方）在未来约定的时间和价位具有买卖一定数量黄金的权利。对于买方来说，如果价格走势对其有利，则会行使其权利而获利；如果价格走势对其不利，则放弃购买的权利，损失只有当时购买期权时的费用，反之亦然。买卖期权的费用（或称期权的价格）由市场供求双方力量决定。目前世界上黄金期权市场并不多。优点：适合资金充裕，对市场了解透彻，熟悉黄金期货知识和国际黄金走势，从事过期货交易，有一定专业知识和控制风险能力，有“闲钱”可以用来寻求较高回报的个人投资者、机构投资者，或与黄金生产加工密切相关的企业。缺点：风险大，规则复杂，专业性强，对投资者要求高。

目前国内适合于个人投资者投资于黄金的方式主要有：实物黄金、纸黄金、“T＋D”递延交易以及黄金期货等。

表2 投资品种大PK

品种（内地）	实物黄金（以招行"招财金"为例）	纸黄金	AU（T+D）	黄金期货
交易单位	Au100g：100克/手；Au99.99：100克/手；Au99.95：1000克/手	10克/手	1000克/手	1000克/手
提货单位	Au100g：100克；Au99.99：1000克；Au99.95：3000克	不可提取实物	根据交割品种确定，不低于1000克/手	根据交割品种确定，不低于1000克/手
报价单位	0.01元	0.01元	0.01元	0.01元
保证金	-	-	10%~20%	10%~15%
交易手续费	0.20%	点差为0.8元/克至1元/克，相当于0.2%~0.255%手续费率	0.19%	50元~60元/手
实物提取	可提取金交所标准金条	不可提取实物黄金	可提取金交所标准金条或平仓	可提取实物金或平仓
定价机制	自主报价，撮合成交	以上海黄金交易所价格为基准，商业银行做市商报价	自主报价，撮合成交	自主报价，撮合成交

八、 黄金价格的影响因素

20世纪70年代以前，黄金价格基本由各国政府或中央银行决定，国际上黄金价格比较稳定。20 世纪 70 年代初，随着布雷顿森林体系的瓦解，1978 年，以《国际货币基金协定》的签订为标志，黄金不再作为货币定值标准，并可在市场上自由买卖。这也是黄金价格逐渐市场化的开端，影响黄金价格走势的因素随之多样化，概括起来主要包括以下几个方面：

（一）供给因素

地球上的黄金存量全球目前大约存有 16 万吨，黄金的年供应量约为 4200 吨，每年新产出的黄金占年供应量的 62%。黄金开采平均成本由于井采技术的发展，在过去 20 年以来持续下跌。黄金生产国的政治、经济和军事力量会直接影响该国生产黄金的数量，进而影响世界黄金的供给。各国中央银行是世界上黄金的最大持有者。由于黄金的主要用途由重要储备资产逐渐转变为生产珠宝的金属原料，或者为改善本国国际收支，或抑制国际金价，因此 30 年间中央银行的黄金储备无论在绝对量上和相对量上都有很大的下降。英国央行的大规模抛售、瑞士央行和国际货币基金组织减少黄金储备，就曾经成为国际黄金市场金价下滑的主要原因。

（二）需求因素

一般来说，世界经济的发展速度决定了黄金的总需求，例如在微电子领域，越来越多地采用黄金作为保护层；在医学以及建筑装饰等领域，尽管科技的进步使得黄金替代品不断出现，但黄金以特殊的金属性质使其需求量仍呈上升趋势。

据统计，中国现在人均黄金消费量仅有 0.2 克，与世界最大黄金消费国相比，还有很大差距。现在印度人均黄金消费量为

0.85克，相当于中国人均消费量的4倍以上。从中国的经济发展状况及人均收入看，中国有着非常大的黄金消费潜力。

（三）保值需要

黄金储备一向被央行用做防范国内通胀、调节市场的重要手段。而对于普通投资者来说，投资黄金主要是在通货膨胀情况下，达到保值的目的。在经济不景气的态势下，由于黄金相较于货币资产更为保险，导致对黄金的需求上升，金价上涨。

（四）投机需求

投资者根据国际国内形势，利用黄金市场上的金价波动，加上黄金期货市场的交易体制，大量“沽空”或“补进”黄金，人为造成黄金需求假象。

（五）政局动荡与战争

国际政局动荡和战争的爆发都会对金价产生较大影响。由于战争和社会动乱所引发的金价上涨，一般被称做“战争溢价”。但战争对于金价的影响主要体现在波动幅度上，具体是跌是涨不一而论。这里以伊拉克战争为例，简单阐述本次战争对于金价的影响。1990年2月初，世界金价突然飙升至420美元，随后的大约半年时间，由于受苏联经济恶化影响，1990年6月，金价跌至345.85美元。但是，1990年8月伊拉克入侵科威特，伦敦金价开始从370.65美元不断攀升，一度恢复到413.80美元。1990年11月29日，联合国安理会通过678号决议，决定1991年1月15日为对伊拉克的最后通牒时间。金价再度突破400美元。1991年1

月17日，以美国为首的多国部队出动数百架飞机对伊拉克进行了代号为“沙漠风暴”的大规模轰炸行动。伦敦金价下挫至380美元。2月26日伊拉克宣布无条件接受安理会678号决议，从科威特撤出其军队。在海湾局势逐渐稳定的同时，黄金价格也逐渐回归到一个360美元的平均水平，波动明显减小。

（六）金市与股市的牛熊交替

在2008年全球股市跌幅达40%的时候，金价上涨6%，2009年1季度，股市下挫12%，金价上涨4%。股票和债券这类传统资产，对抗通胀的能力较弱。而黄金和商品，整体对冲效果明显。从1971年黄金价格完全放开以来，美国CPI年率有9年超过5%。在这些年份，金价平均价格上涨了31%，商品上涨了9%。而股市和债市基本持平。

1999年至2000初，利率被美联储提高了6倍。到了2000年3月，以技术股为主的纳斯达克综合指数攀升到5048点，网络经济泡沫达到最高点。3月10日，网络经济泡沫开始破灭。3月13日，纳斯达克综指从5038点跌至4879点。3月15日更是跌至4580点。随后，全球股市进入低迷期。而与此同时，黄金却进入了一个大牛市。通货膨胀也对金价产生一定影响。通货膨胀是指因货币供给大于货币实际需求，而引起的一段时间内物价持续而普遍的上涨现象。黄金是抵御通胀的有力武器，不仅因其自身具有价值，而且其不可再造的特点也奠定了其价值永恒的地位。

（七）黄金与美元、石油的恩怨情仇

从近30年的历史来看，美元与黄金保持着80%左右负相关。

近十年的实践中，美元与黄金的负相关变动关系越来越紧密。另外，国际原油价格也是一个非常重要的参考元素。原油价格与黄金价格大体呈现正相关。

九、 黄金投资的交易要点

（一）黄金交易基本要点

1. 黄金报价

黄金报价一般以道琼斯国际报价为准，主要依据是伦敦市场的现货黄金价格。黄金计价单位为“美元/盎司”（1 盎司 =31.1 克）。

2. 交易时间

早上 9 点至下午 4 点是亚洲盘交易的时间，下午 4 点至晚上 8:30 是欧洲盘交易的时间，晚上 8:30 至次日凌晨 2:30 是美洲盘交易的时间。2:30 之后为电子盘，不进行交易。一般来说，黄金交易最活跃的时间为美洲盘，时间大致在晚上 8:30 到次日凌晨 1 点之间。

3. 交易方式

两种交易方式选择：一是打开公司网站进入黄金实时交易系统，进行下单操作；另一种是拨打公司报单电话，进行委托下单操作。

4. 下单方式

下单方式分为两种：下多单（买进）和下空单（卖出）。下多单就是看涨黄金后市行情，先以低价格买进，等价格涨上去有利可图时再卖出平仓。反之，下空单就是看跌黄金后市行情，先以高价格卖出，等价格跌下去有利可图后再买进。

（二）顺应趋势，找准“黄金坐标”

前面我们已经对黄金投资的基本面分析进行了介绍。对于投资者而言，还需要成功找到“黄金坐标”，这需要我们了解黄金投资的另外一个工具——技术分析。黄金投资中常用的技术分析方法要数趋势分析和形态分析。

1. 趋势分析

正所谓顺势而为，趋势在技术分析中处于核心地位。我们在技术分析中使用的各种工具，例如支撑和压力水平、价格形态、移动平均线和趋势线等，其唯一的目的就是辅助我们识别趋势，从而顺应趋势作出正确的投资决策。

一般情况下，趋势就是市场的方向，而市场永远不可能始终保持匀速的直线运动，因此，就需要我们对于市场下一步的前进方向作出预判。其中，上升趋势是由一系列上升的波峰和波谷构成；而下降趋势，则由一系列下降的波峰和波谷构成；水平运动确定了一个盘整的价格趋势。上升趋势线的功能在于显示价格上升的支撑位，一旦价格在波动过程中跌破此线，就意味着行情即将出现反转，由涨转跌；下降趋势线的功能在于能够显示出价格下跌过程中回升的阻力，一旦价格在波动中向上突破此线，就意味着价格可能会止跌回涨。另外，从时间周期来看，趋势可分为长期、中期和短期趋势。

从黄金近几年的行情来看，黄金正处于一个上涨的长期趋势之中，那么这一轮上涨还会持续多久？从中短期来看，黄金的价格又会何去何从？支撑、阻力和趋势线，这三个技术指标至关重要。

支撑和阻力是多空交战的分界线，阻力与支撑相对，代表市场上的一个价位区间。支撑位，是指在价格下跌时可能遇到支撑，从而止跌回稳的价位。支撑线是将价格波段运行的低点和低点连成的一条直线。而相对应的，阻力位是指在价格上升时可能遇到压力，从而反转下跌的价位。阻力线则是将价格波段运行的高点和高点连成的一条直线。

支撑线和阻力线是可以相互转化的，当价格从上向下突破一条支撑线后，原有的支撑线将可能转变为阻力线；而当价格从下向上突破一条阻力线后，原有的阻力线也将可能转变为支撑线。而当价格运行在两条相互平行的趋势线之间的时候，上面的线为阻力线，下面的线为支撑线。两条趋势线就构成了通道或形态。也就是说，上升趋势要持续，每个相继的低点（支撑位）就必须高过前一个低点。每个上升行情的高点（阻力位）必须高过前一个高点。如果上升趋势中的回调一直跌到前一个低点的位置，那么就可能是上升趋势即将结束，或者至少从上升趋势转变成盘整趋势的早期警告。如果市场击穿这个支撑位，那就可能是由上升转为下降的趋势反转。

所谓趋势线，是上涨行情中两个以上的低点的连线以及下跌行情中两个以上高点的连线，前者被称为上升趋势线，后者被称为下降趋势线。趋势线是技术分析中最简单、最有价值的技术工具之一。

趋势线的绘制对准确性要求很高，我们在看盘软件里可以调出大量的走势图，应用画线功能连接相对的低点就可以得到支撑线，连接相对的高点就可以得到阻力线。趋势线完成的时间越久，受试探的次数越多，就越重要。另外，趋势线的长短与其重要性成正比，长期趋势线和中期趋势线第一点和第二点的距离不可太近，如距离过近，所形成的趋势线的重要性就会大打折扣。

投资者画趋势线时应注意：

趋势线根据价格波动时间的长短分为长期趋势线、中期趋势线和短期趋势线，时间周期越长，趋势线的有效性就越高。

趋势线连接的高点或低点的数量越多，有效性就越强。

对趋势线的短暂突破不被认为价格将改变运行的轨迹。

趋势线不应过于陡峭，否则很容易被横向整理突破，失去分析意义。

还有一个衡量趋势线有效与否的因素，那就是趋势线的角度。过于平缓的角度显示出力度不够，不容易马上产生大行情；过于陡峭的趋势线则不能持久，往往容易很快转变趋势。著名角度线大师江恩认为，45 度角的趋势线非常可靠，这也就是著名的 1×1 角度线。在上升趋势中，调整性的下跌正是投资者趁跌买进的好机会。在下跌趋势中，反弹正是投资者卖出的机会。只要趋势线没有被突破，我们就可以用它来确定买入或卖出区域。然而，万一趋势线被突破了，也就发出了趋势生变的信号，要求我们平仓了结按原有趋势方向建立的所有头寸。趋势线的突破常常是趋势生变的最佳预警信号。但趋势线的突破有时不一定说明趋势的反转，有时趋势线过陡，趋势线被突破后只是调整到一条较慢的而且更能维持的上升趋势线上。

2. 形态分析

一般来说，最为常见的形态有双顶、双底形。当行情处于底部或者顶部的时候，往往并不是简单地发生反转，而是需要经过一段时间的整理来形成一个反转形态，比如头肩底、头肩顶、双顶等。而当行情在牛市或熊市中时，也不是直线向上或者直线向下，中途会出现一定的调整，形成一些整理形态，比如三角形、楔形等，这些形态被称为中继形态。一般来讲，随着形态的突破，行情还会沿着原有的趋势继续上升或者下降。

所有反转形态的初步要点：

任何反转形态的先决条件是先前趋势的存在。

即将到来的趋势的反转的第一信号常常是市场突破重要的趋势线。

形态越大，后续的市场运动越大。

筑顶形态通常比筑底形态经历的时间短且波动大。

底部的价格区间通常较小且构筑时间长。

十、 黄金交易应注意的问题

（一）黄金投资不可单一

1952 年，哈里·马克维茨发表了一篇题为《资产组合选择》的文章并获诺贝尔经济学奖。在领取诺贝尔经济学奖的仪式上，他被要求用一句话说明他的组合理论。他说：“不要把鸡蛋放在一个篮子里。”在市场的见证下，这句话甚至比他本人还要有名。

哈里·马克维茨告诉充满求知欲的投资者们：“组合投资，不但使我获得了诺贝尔经济学奖，更能使你们在投资市场中走得更远。”试想一下，如果我们把全部的资产用来投资一种金融产品，那么等于将宝完全押在它的身上，我们的收益将完全被它的波动左右，不但投资回报不稳定，对偶然因素造成资产损失的防范能力也会大大下降。如果我们配置的都是股票，如果再遇上2008年的金融危机，只能赔个底朝天。但如果我们只是储蓄，又难以抵御通胀带来的贬值。所以，单一品种的投资风险，与我们的理财目标和风险承受度是不相匹配的，将导致投资者在市场发生巨大波动时处于被动地位。这个时候，我们就需要进行资产的组合配置。通过两种或更多品种、不同数量投资对象的组合，形成一种既符合自己收益预期，同时风险承受度也在自己可以接受范围内的组合型资产，而进行这种组合的过程，就是资产配置。

简单来说，我们要根据个人的理财需求，将手中资产在黄金、股票、债券、基金、现金、期货等各类投资品种上配置不同的比例，以风险与收益比最优化为原则，追求投资组合带来的长期稳定收益。

那么，如何分配各投资品种在资产配置中的比例？正确的方式是根据我们自身的风险承受能力来进行分配。我们知道，投资者的风险承受能力是不同的，积极型的投资者往往能够承受较高的风险，所以其资产配置中较高风险、较高收益的成长性资产应该占到70%左右，较低风险的固定收益类资产占到30%；稳健型投资者往往期望风险与收益的权衡，那么成长性资产与固定收益类资产各占资产配置中的50%左右；保守型更加看重较低风险的投资，不能承受较高风险带来的收益损失可能性，那么固定收益类资产应当占到他资产配置中的70%，成长性资产不能超过30%。

（二）黄金为资产配置量身打造

黄金，在投资者的资产组合配置中充分展示了它的独特性——与其他资产的负相关。据世界黄金协会的数据显示，黄金投资具有与其他金融投资逆向运动的特性，因而黄金投资可以与其他投资进行组合，从而降低和分散投资的风险。

我们知道，黄金的价值是其本身所固有的，而一般金融资产价值存在的基础是信用，是人类赋予的，信用消失，金融资产的价值就不复存在了。一旦社会信用动摇，就会立即影响金融资产的价值，从而引起价格的下跌。但黄金的价值并不受社会信用的影响，而且信用资产贬值得越厉害，黄金的价格会越坚挺，黄金的“资金避风港”作用就越突出，人们对黄金的需求就越旺盛。这种与其他资产的高度负相关性，使得黄金投资在投资组合中具有不可比拟的地位。

当纸币由于信用危机而出现波动贬值时，黄金价值依然永存，它以某种货币表示的价格就会根据此货币贬值比率自动向上调整；而当纸币升值，因黄金价值恒定，其价格则表现为下降。这种逆向性便成为人们投资时规避、分散风险的一种手段，这也是黄金的主要投资价值所在。

投资案例：投资的“黄金”人生

保守投资者的投资理财品种

“打我爷爷那辈起，我们家就是黄金的忠诚拥护者。”聊起黄金投资，马阿姨感慨万千，“老蒋发的法币（国民党发行的货币）什么都买不了，我小老舅用一背篓法币才换回了小半袋糙米，一家人不到一星期就吃光了。幸好当时爷爷眼光不错，把早些年做生意积攒的钱都换成了金条，也多亏了这些金条，一家十几口人才没有被饿死。黄金救了全家的命。”正是祖辈的经历，让马阿姨坚定了一个信念——黄金是财产保值的保证。基于这个原因，只要条件允许，马阿姨都会买点黄金。马阿姨告诉我们：“这些年下来，我们积攒了十来套黄金纪念币，包括十二生肖、神六上天、奥运金银砖等。从 2007 年开始，我试着买点纸黄金，可惜不能变现。后来，银行开通了个人实物黄金交易业务，买着方便，门槛也低，最重要的是还可以变现，非常适合我的需求。”

“像我们这个岁数的人，已经没有‘一夜暴富’的想法了。手里头的钱能够安全、有保障，帮助我们安然度过晚年，才是最重要的。”这是马阿姨的经验总结。

黄金具有长期内在价值，无论是政治动乱还是经济动荡，都不能使黄金的价值贬为零，黄金的确是防止通货膨胀的有效手段，是资产保值的有效途径，这是从一个长期历史趋势的角度得出的基本结论。

积极型投资者的资产配置品种

吕绗（化名）是某证券公司的职业操盘手。多年的投资经验，使他对投资本身有着更加深入的看法：“在我看来，投资的根本并不是你能够赚多少钱，比如你今天能赚个 30%，明天又亏了 40%，这根本就没有任何意义。我崇尚的投资行为应该是在风险可控的基础上获得一个长期稳定的超额收益。而这个前提就是我们要做好资产配置组合。”

“我是一个积极型的投资者，我的投资‘篮子’里基本都是权益类资产，很少有债券、货币市场基金等固定收益资产。但是我并不鲁莽，我的资产配置中有股票、基金、权证、黄金、期货、外汇等多种投资产品，当然占据核心地位的还是股票和黄金。股票不必多说，之所以选择是黄金，正是看重了黄金优秀的保值、增值的功能。黄金投资可以让我在风险度和投资收益弹性上最充分地匹配选择。”吕绗说。

吕绗给我们算了一笔账：在1999年至2004年间，如果将资产100%投资上证综指，则投资回报率是18.57%，但是风险指标却高达51.03%；如果增加10%的黄金投资，其余90%仍然投资上证综指，则平均收益是15.88%，风险指标下降至40.13%，投资收益率虽然略有下降，但是投资风险下降的幅度更为显著。“这就是我选择黄金作为资产配置重要组成部分的原因。”吕绗说。

崇尚高收益的积极型投资者因为拥有较高的风险承受能力，所以他们的“篮子”里最多的是股票。但随着股市的走高，股票投资风险不断积累，如果将过多资金配置于股票，虽有可能获取高回报，但也要忍受市场波动带来的较大风险。所以，将组合中加入黄金，构建适当的投资组合，是非常必要的。这样可以有效地降低投资风险，充分分享市场带来的收益。

震荡市场的风险规避品种

“一直以来，我的组合基本是股票和基金的五五分成。2006年、2007年的连续牛市让我赚了不少钱。我觉得这两种产品做组合配置已经足够了。”上升的市场让睢先生放松了对风险的警惕，“2008年的次贷危机就如一场噩梦，让我从财富快速增长的思维中醒来。好家伙，也就短短一年时间吧，沪市综指跌幅高达70%多，基金也下跌了50%左右，我的损失非常惨重，从2008年初的120多万跌到现在的37万，缩水了一大半。”巨大的损失让睢先生谈“投”色变，声称2009年是不会再加入投资领域了。2009年的4月，一位理财师朋友向他推介了招商银行的“招财金”，他在全方面了解了此款产品后，开始“反悔”，尝试买了100克，当时的价位是197元。不到一个月，黄金价格上涨至199元，睢先生觉得不错，主动增加了100克的黄金购买量。“市场还在震荡的时候，黄金能够保持增长，真的很不错。”睢先生表示，以后会适当增加黄金在整个资产组合配置中的比例，使自己的投资理财更加从容。

以投资风险系数较高的股票为主的投资者，当市场震荡来临时，可将持有的部分股票转投黄金，一方面可规避风险，保住牛市的胜利果实，另一方面可实现资产稳中有增。

第九章　外汇投资
——着眼国际市场的投资

随着信息全球化和金融全球化的不断深入，以及国内投资者在大牛市和大熊市中的不断历练，越来越多的人重视资产配置的作用，不仅在国内市场各类投资工具中分散投资和风险，还进而参与国际金融市场的涨涨跌跌。国际金融市场的有效性直接依赖于市场各个参与者的活跃程度，而市场各类参与者通过参与金融市场，获得最及时最直接的价格、交易对手等交易信息，可达到预期的交易目标。在我们热情高涨和信心满满地参与国际市场投资时，我们更需要对这个更广阔市场的基本游戏规则有所了解。

一、　银行的结售汇业务是什么

银行结售汇业务适用于根据外汇管理局政策规定及客户各类外币需求，需要将外币收入兑换成人民币或者将人民币兑换成外汇的个人、公司或机构客户。

具体点说，结售汇业务是指商业银行为各类客户提供的人民币与可流通外币之间的买卖业务。目前，国内居民或企业进行结售汇交易，必须到有相应外汇交易资格的商业银行办理。这样来看，通俗点说结售汇业务就是个人客户买外币和卖外币的业务，而个人客户买卖外币的对手是各家商业银行。

结售汇业务是结汇和售汇的统称。结汇是指境内所有个人、企事业单位、机关和社会团体（外商投资企业除外）取得外汇收入后，将规定范围内的外汇收入调回境内，按照银行挂牌汇率，将外汇卖给指定商业银行的业务。

售汇业务是指境内所有个人、企事业单位、机关和社会团体因对外支付需要外汇时，在国家外汇管理局条例规定的额度管理范围内，持有关证件、文件材料等，用人民币到外汇指定银行购买所需外汇。从用汇个人和单位角度来讲，售汇又称购汇。

结汇使用的汇率中，客户将手中的现钞结汇时，使用银行公布的外汇牌价中的现钞买价，而客户将外币账户中的现汇结汇时，使用银行公布的外汇牌价中的现汇买价。客户购汇，也就是银行售汇时，使用的汇率均为汇卖价，不论现钞还是现汇，购买的价格一样。通常来讲，买入价是相对于银行而言，是指银行买入客户手中的外汇将付出的价格，即结汇时候的价格；卖出价也是相对于银行而言，是指银行向客户卖出外汇，客户需要支付的人民币，即购汇时候的价格。

结汇价格不同，而购汇的价格是一样的。如客户需要购汇来购买外币理财产品，由于结汇时现汇汇率比现钞汇率高，如理财期满对外币无提钞需求而只需要人民币时，在钞汇的选择上就应当特别注意。比如，某个客户想购买外币后购买某款理财产品，除了因国际汇市波动，客户如果用人民币购汇投资外币产品，存在较大的潜在汇率风险以外，还存在钞汇风险。如果客户在购买了5万澳元现钞，并购买了澳元理财产品，产品到期后，客户进行结汇时，只能使用银行公布的外汇牌价中的现钞买价，由于低于现汇买价，导致可能损失人民币9000多元【按当日的汇率，5万澳元X（5.7833现汇汇率－5.6004现钞汇率）＝9145元人民币】，即使澳元理财产品收益相对于其他币种较高，仍然有无法弥补的损失。

二、 外汇买卖您了解吗

个人外汇买卖是根据国际市场的汇率波动，用一种外汇调换另一种外汇，以达到外汇资产保值增值的目的，是现在客户外汇资产的主要投资工具。

在客户进行个人外汇买卖交易前，首先要了解个人外汇买卖交易的报价规则。货币的标价分为直接标价和间接标价。直接标价是指，本币表示外币的价格，外币在前面。目前，大多数货币均采用直接标价的方式。如：人民币、日元、瑞士法郎等：美元/人民币6.6610；美元/日元111.32。另外一种是间接标价，间接标价是指用外币表示本币的价格，本币在前面。采用间接标价的货币主要有：欧元、英镑、澳大利亚元、新西兰元。如：欧元，欧元/美元1.2725；英镑，英镑/美元1.8625。

此外，客户还需要了解什么是双向报价。双向报价是指在即报价时，将买入价和卖出价同时报出。

如结售汇牌价：

货币	中间价	买入价	卖出价
美元	800.73	799.49	801.97

以及个人外汇买卖的报价：

货币	中间价	买入价	卖出价
美元/日元		111.34	111.74

美元/日元的银行间报价：111.43/47

观察银行的报价，投资者会发现买入价和卖出价有差价，这个差价就是点或基点。点是表示汇率的最小单位。标的资产标价的最后一位有效数字每变动一个单位，就称为变动了一个基本点，又叫基点或点。如，美元/日元的汇率从120.13变动到120.15，则美元/日元上涨2个基点；欧元/美元的汇率从1.2382变动到1.2368，则欧元/美元下跌14个基点。

点差的作用一方面是实现银行的赢利目标，更重要的是控制银行面临的市场风险。以上两个作用相互影响，相互制约。

三、外汇期权，想说爱你不容易

期权的英文单词是OPTION，直译过来是选择的意思。期权是指期权合约的买方具有在未来某一特定日期或未来一段时间内，以约定的价格向期权合约的卖方购买或出售约定数量的特定标的物的权利。买方拥有的是权利而不是义务，他可以履行或不履行合约所赋予的权利。外汇期权的标的物是外汇。

在了解外汇期权前，要注意这样一个概念：衍生产品。衍生产品是指标的物的价格随某种基础市场产品价格的变化而变化。而外汇衍生产品是指外汇期权合约的价格随着即期外汇市场相应汇率的变化而变化。外汇期权合约的买卖可以理解成标准化期权这个权利的买卖。

以这样的一个外汇期权为例：

USD/JPY　　USD CALL　JPY PUT

STRIKE PRICE：117

EXP：20101230

BID：0.10　　ASK：0.17

这个外汇期权的含义是：有权在到期日2010年12月30日按117的约定价格买入100美元卖出日元，该权利每手（100美元）的买入价和卖出价分别是0.10美元和0.17美元。合约价格随时在变化，如果客户买入的价格是0.17美元，几天后可能是0.90美元，客户卖出可得收益0.73美元。

1. 影响外汇期权产品价格的因素

因素一：期权的执行价格。看涨期权，执行价格越高，买方的盈利可能性越小，期权价格越低。因此，对于看涨期权来说，执行价格与期权价格呈反向变动关系。看跌期权，执行价格越高，买方的盈利可能性越大，期权价格越高。因此，对于看跌期权来说，执行价格与期权价格呈正向变动关系。

因素二：汇率的波动性。汇率的波动性越大，期权持有人获利的可能性越大，期权出售者承担的风险就越大，期权价格越高；反之，汇率的波动性越小，期权价格越低。

因素三：期权合约的到期时间。期权合约的到期时间越长，价格变化的可能性越大，期权出售者承担的风险也就越大，期权价格越高；反之，距到期日越近，期权价格越低。

2. 外汇期权投资能够解决客户的两大需求

（1）规避汇率风险，达到外汇保值目的。

（2）双向投资，实现投资收益最大化。这是投资最具吸引力之处。

3. 避险、保值原理说明

以美元对日元为例，作为避险、保值工具

即期美元买入日元：即期汇率：USD/JPY113　USD1，000

即期买入：1000×113＝JPY113，000

为了消弭美元上涨带来的风险：

买入10美元看涨期权，执行价格：113

到期日：20101231

支付期权费：USD1.00×10＝USD10.00

到期汇率：1:120　美元上涨

预计亏损：USD1000 － 113000/120 ＝ 1000 － 941.67 ＝ USD58.33

由于购买了期权合约，可以以113买入1000美元：113000/113＝USD1000

只损失已经支付的期权费：USD10.00

（在银行的期权系统中：期权费上涨到USD58.33）

到期汇率：1:110

期权费跌到零，在市场上即可买入美元

113000/110 ＝ USD1，027.27 赚 USD27.27 减去期权费：USD10.00

还纯赚：USD17.27

4. 投资原理说明

看涨美元：即可买入美元看涨期权合约（USD CALL）

买入10美元看涨期权合约，执行价格：113　到期日：2009-12-21

支付期权费：USD1.00×10=USD10.00

（1）到期汇率：1∶120　美元上涨

期权费上涨到：USD5.83×10=USD58.3

减去已支付的期权费：USD10.00

纯赚：USD48.3

（2）到期汇率：1∶105　美元下跌

期权费：从USD10.00跌到近似为零

损失：USD10.00

看跌美元：买入USD/JPY　PUT合约

买入10美元看跌期权合约，执行价格：113　到期日：2009-12-21

支付期权费：USD1.67×10=USD16.70

（1）到期汇率：1∶120　美元上涨

期权费：从USD16.70跌到近似为零

损失：USD16.70

（2）到期汇率：1∶105　美元下跌

期权费上涨：USD7.61×10=USD76.1

减去已支付的期权费：USD16.70

纯赚：USD59.4

第十章　个人贷款——贷出幸福生活

传统的"量入为出"、"先储蓄后消费"的观念，正渐渐被"借款——消费——还款"的现代信用观念所替代。越来越多的人开始清醒地认识到：在住房已真正走向商品化的时代，要买房，必须借助银行的力量，谁也不愿意等上几十年，等攒足钱后才购房，就像那个故事里的中国老太太，攒了一辈子钱买的房子，自己只住了一天就上了天堂。

不仅仅是买房，个人贷款已渗透入居民生活越来越多的层面，买车、装修、留学、大额消费品、生产经营等方面均可通过个人贷款来达到"超前消费"，从而实现更多的生活目标。

从中国老太太到美国老太太，从富翁到"负翁"，从"先储蓄后消费"到"超前消费"，个人贷款带来了消费观念的巨大变革：理财带给人们的是资产的保值以及升值，个人贷款带给人们利用银行资金"贷"来幸福生活。

作为个人，如何妥善利用银行资金"贷"来幸福生活？那就要先介绍一下个人贷款的相关知识，为大家在贷款融资时选择更为适合的个人贷款产品提供参考。

一、个人贷款基础知识

个人贷款是指银行向个人发放的用于满足其各种资金需求的贷款。个人贷款有以下几个特点：

（一）贷款品种多、用途广

各商业银行为了更好地满足客户的多元化需求，不断推出个人贷款业务新品种。目前，既有个人消费类贷款，也有个人经营类贷款；既有自营性个人贷款，也有委托个人贷款；既有单一性个人贷款，也有组合性个人贷款。这些产品可以多层次、全方位地满足客户的不同需求，可以满足个人在购房、购车、旅游、装修、购买消费用品和解决临时性资金周转、从事生产经营等各方面的需求。

（二）贷款便利

各商业银行都在为个人贷款业务简化手续、增加营业网点、改进服务手段、提高服务质量，从而使得个人贷款业务的办理较为便利。目前，客户可以通过个人贷款服务中心、声讯电话、网上银行、电话银行等多种方式了解、咨询银行的个人贷款业务；亦可在银行所辖营业网点、网上银行、个人贷款服务中心或金融超市办理个人贷款业务，为个人贷款客户提供了极大的便利。

（三）还款方式灵活

目前，各商业银行的个人贷款可以采取灵活多样的还款方式，如等额本息还款法、等额本金还款法、按月付息到期还本等多种方法，而且客户还可以根据自己的需求和还款能力的变化情况，与贷款银行协商后改变还款方式。因此个人贷款业务的还款方式较为灵活。

根据不同的分类标准，个人贷款有不同的类别。

（一）根据产品用途分类

根据产品用途不同，个人贷款产品可以分为个人住房贷款、个人消费贷款和个人经营类贷款等。

1. 个人住房贷款

个人住房贷款是指银行向借款人发放的用于购买自用普通住房的贷款。借款人申请个人住房贷款时必须提供担保。目前，个人住房贷款主要有委托贷款、自营贷款和组合贷款。

自营性个人住房贷款是指银行运用信贷资金向在城镇购买、建造或大修各类型住房的个人发放的贷款。

公积金贷款是指各地住房公积金管理中心运用个人及其所在单位缴纳的住房公积金，委托商业银行向购买、建造、翻建或大修自住住房的住房公积金缴存人以及在职期间缴存住房公积金的离休职工发放的专项住房贷款。

个人住房组合贷款是指按时足额缴存住房公积金的职工在购买、建造或大修住房时，可以同时申请公积金个人住房贷款和自营性个人住房贷款，从而形成特定的个人住房贷款组合。

2. 个人消费贷款

个人消费贷款是指银行向申请购买合理用途的消费品或服务的借款人发放的个人贷款，包括个人汽车贷款、个人教育贷款、个人旅游消费贷款和个人医疗贷款等。

3. 个人经营贷款

个人经营类贷款是指银行向从事合法生产经营的个人发放的，用于定向购买或租赁商用房、机械设备，以及用于满足个人控制的企业（包括个体工商户）生产经营流动资金需求和其他合理资金需求的贷款。

（二）根据担保方式分类

根据个人贷款的担保方式分类，可分为抵押贷款、质押贷款、保证贷款和信用贷款。

1. 抵押贷款

抵押贷款是指贷款银行以自然人或第三人提供的、经贷款银行认可的、符合规定条件的财产作为抵押物而向个人发放的贷款。当借款人不履行还款义务时，贷款银行有权依法以该财产折价或者以拍卖、变卖财产的价款优先受偿。

按我国《担保法》第 34 条规定，下列财产可作担保物：抵押人所有的房屋和其他地上定着物；抵押人所有的机器、交通运输工具和其他财产；抵押人依法有权处分的国有的土地使用权、房屋和其他地上定着物；抵押人依法有权处分的国有机器、交通运输工具和其他财产；抵押人依法承包并经发包方同意抵押的荒山、荒沟、荒丘、荒滩等荒地的土地使用权；依法可以抵押的其他财产。

2. 质押贷款

个人质押贷款是指个人以合法有效的、符合银行规定条件的质物出质，向银行申请取得一定金额的人民币贷款，并按期归还贷款本息的个人贷款业务。

可作为个人质押贷款的质物主要有：汇票、支票、本票；债券、存款单；仓单、提单；可以转让的基金份额、股权；可以转让的注册商标专用权、专利权等知识产权中的财产权；应收账款；法律、行政法规规定可以出质的其他财产权利。

3. 保证贷款

保证贷款指贷款人按保证方式以第三人承诺在借款人不能偿还贷款本息时，按规定承担连带责任而发放的贷款。保证人为借款提供的贷款担保为不可撤销的全额连带责任保证，也就是指贷款合同内规定的贷款本息和由贷款合同引起的相关费用。保证人还必须承担由贷款合同引发的所有连带民事责任。是担保贷款的一种，贷款人与借款人之外的第二人作为保证人，担保借款人返还借款的贷款形式。

4. 信用贷款

信用贷款指以贷款人的信誉发放的贷款，贷款人不需要提供担保。其特征就是债务人无需提供抵押品或第三方担保仅凭自己的信誉就能取得贷款，并以借款人信用程度作为还款保证的。

（三）根据贷款期限分类

根据个人贷款的期限分类，可分为短期贷款、中期贷款和长期贷款。短期贷款，指贷款期限在一年以内（含一年）的贷款。中期贷款，指贷款期限在一年以上（不含一年）五年以下（含五年）的贷款。长期贷款，指贷款期限在五年（不含五年）以上的贷款。

个人贷款业务是银行伴随我国经济改革和和居民消费需求的提高而产生和发展起来的一项金融业务。到目前为止，我国个人贷款业务的发展经历了起步、发展和规范三个阶段。

（一）住房制度的改革促进了个人住房贷款的产生和发展

20 世纪 80 年代中期，为适应居民个人住房消费需求，中国建设银行率先在国内开办了个人住房贷款业务，随之各商业银行相继在全国范围内全面开办该业务，迄今为止已有 20 多年的历史。

（二）国内消费需求的增长推动了个人消费信贷的蓬勃发展

20 世纪 90 年代末期，中国人民银行通过窗口指导和政策引导来启动国内的消费信贷市场，引导商业银行开拓消费信贷业务。各商业银行为了有力地支持国家扩大内需的政策，较好地满足社会各阶层居民日益增长的消费信贷需求，积极适应市场变化，不断加大消费信贷业务发展力度，个人消费信贷业务得到快速发展。

（三）商业银行股份制改革推动了个人贷款业务的规范发展

近年来，随着各商业银行股份制改革的进一步深化，银行按照建立现代金融企业制度的要求，着力完善公司法人治理结构，逐步健全内控制度，转换经营机制，建立相关监测与考评机制，从而有力地推动了个人贷款业务的规范发展。

二、 如何选择个人贷款产品

大家可能稍微留意一下就会发现，各大银行的个贷产品之多真是令人眼花缭乱，作为一名个人贷款的需求者，我们怎样才能在众多的产品中挑选最适合自己的，用最小的成本获取最大收益?

首先要量入为出多看巧比，要想挑选适合自己的个贷产品，客户要从自身情况出发着眼于两个基本要素：一是申请贷款的用途，是用于生意经营周转还是买房、买车、买耐用消费品；二是要了解自己的经济能力和偿债能力。如果是小企业主想贷款用做生意经营周转，一般贷款金额较大，申请到信用类贷款的可能性很小，就要看自己手头是否有住房、银行理财产品、国债等可作为抵押或质押的财产。如果有，就可选择个人投资经营贷款。如果贷款是用于买大件、留学、装修等，一般贷款金额也就二三十万，再加上一些人自身信用记录良好、工作收入稳定、属于银行优质客户的话，就可考虑选择信用类贷款，无须抵押或质押就能得到一笔贷款或一个信用额度。另外我们在选择时还要多比较一下各银行办理个贷的业务效率、服务品质、价格等。比如有的个贷产品给予客户循环授信，随借随还，能最大限度节约使用资金的成本。而未来如果银行在一些房产抵押类贷款中引入担保公司进行担保，则放贷时间就可缩至两三天，效率可与典当行媲美。

其次要及时亮出自己的信用。要想最大限度得到银行给予的优惠，就要想方设法把自己的优势展示给银行，这样才容易获得银行的信赖。

那么哪些优势能有助自己顺利得到贷款甚至享受到更多优惠呢?

（一）是没有不良信用记录。不要认为以前没贷过款、没欠过钱就是信用记录良好，也不要对偶尔还款迟上一两天不以为意，也许恰恰是几次不经意的逾期还款就有可能成为再次获得贷款的障碍。

（二）是工作单位收入稳定，社会生存能力强。比如大中型国企的工作人员、国家公务员以及高校教师、律师、医生等具有专业技术职称的专业人员，就很受银行青睐。如果您属于这类人群，就别忘了在申请贷款时出示相关工作证明、专业技术职称证书等。

（三）是有明确的贷款用途，绝不能用于炒股买基金等。如果以上优势能充分展示，就可能被认定为银行优质客户，不光贷款利率可能得到下浮，还可能免掉公证费、评估费等办理费用，甚至还能得到除贷款之外其他个人业务的手续费减免。

随着个人贷款产品的不断推陈出新，借款客户可享受到更多的银行优质贷款产品，从而体验更多的服务体验：

（一）贷款不必再跑银行

统计数据显示，在过去的5年里，中国城市居民人均贷款额上升了两倍多，而据记者了解，时下都市人生活繁忙，难有闲暇；与此同时，人们对于资金使用的及时性、灵活性和高效性的要求越来越高。如果所需要的资金数目不是很大，可以找亲友凑一凑，如果金额较大，就只能向银行贷款。按照传统的贷款方式，客户需要不断地跑银行网点办理贷款手续，手续较多，费时费力。

不少银行的贷款产品如招商银行的“消费易”，最大的特点就是个人贷款不再受到时间和空间的限制。无论是按揭贷款还是房产抵押贷款，客户只要办理了“消费易”，等于免去了传统上每次贷款都必须去银行办理申请、审批手续的繁琐过程，客户银行卡一刷，就可以实现即时借、还款，从而彻底解放了客户的时间和空间。

同时，客户只要手头有余钱，就可随时通过网上银行等自助设备进行部分提前还款或全部提前还款，所还资金当天就不用向银行付利息，最大限度地帮助客户省钱，到客户想用的时候再随时从银行借出来。此外，“消费易”还可以一次申请，循环使用。客户只要将房子一次抵押给银行，开通“消费易”，就可以在银行核定的限额内反复使用，无需重复审批，贷款手续极为简便。

(二) 各类贷款各显神通

通过“消费易”，客户可根据自己的家庭财务状况，结合自己的职业规划，自行设计借款和还款计划，比起一些普通的银行贷款服务，便利性不知提高了多少倍。据记者观察，随着银行对个人信贷产品开发力度的不断加大，越来越多的个人信贷产品亮相于市场，以满足不同需求的贷款客户。

以宁波银行的“白领通”为例，该款产品提供人民币5万元至20万元四种不同信用额度，最长授信时间为3年，如无意外，授信将自动循环，直至退休为止。据介绍，循环期内，授信额还可根据客户的收入提高而上调，最高可达30万元。值得一提的是，该产品的利率相当诱人，一年期产品的月息在0.4%到

0.586%之间。宁波银行的相关人士表示，利率优惠多少与申请人对宁波银行的贡献度有关系，例如已办理了信用卡或者有存款的客户，利率就会根据积分而适当下浮。此外，贷款前三年不收取任何管理费。

不过，“白领通”的门槛比较高。据介绍，产品主要面向公务员，以及事业单位的从业人员，例如医生、老师等。在企业方面，供电局、律师事务所、建筑、设计、电信、电力等优质行业同样拥有获得信贷的机会。此外，产品对申请人的信用记录也要求很高，若有多次逾期还款的情况，将很难获得审批。此外，年龄、收入、财产、婚姻状况等，都是打分系统中会参考的重要项目，银行最后根据分数决定贷款额度。

和“白领通”的借款成本低、门槛高不同，花旗银行的“幸福时贷”和渣打银行的“现贷派”的门槛较低。据悉，申请“现贷派”无需担保、无需任何房产抵押、无需任何他人担保，只需满足稳定工作和收入、明确个人或家庭消费用途等“简单”标准，就可以在渣打获取人民币8000元至20万元不等的消费贷款。与“现贷派”相似，“幸福时贷”也是门槛较低，主力客户群目标之一为消费能力较强的青年人，单笔贷款的最高额度为20万元，期限最长为48个月。

不过，门槛低的代价是借款成本高。“现贷派”与“幸福时贷”均采用固定利率，并且按月收取账户管理费。据了解，花旗与渣打都规定，账户管理费以贷款本金乘以0.49%的费率来收取。账户管理费与信用卡分期付款时所产生的手续费非常类似，无论还款的进度如何，实际剩余本金是多少，都需要按照固定的总贷款额的0.49%来缴纳。也就是说，消费者办理无抵押贷款后除贷款利率外，一年还需要缴纳本金 5.88% 的手续费，如以“幸福时贷”8.8% 的基准利率来计算，则年利率高达 14.68%。

另外，我们在选择贷款产品时一定要时刻保持一个清晰的思路。

理财专家表示，选择何种贷款，客户应该事先理清思路。比如，如果要申请个人无抵押贷款业务，要注意提供此类贷款的银行出于风险控制需要，对贷款用途有明确的要求：一般支持例如出国旅行、大宗购买、留学深造等贷款需求，而不支持购房和股票投资。值得一提的是，绝大对数贷款都是不支持股票投资的，比如，深发展零售贷款部有关负责人在推出“e 借易还”时特别强调：“贷款的用途必须用于合法消费或经营，不得用于证券投资等国家明令禁止的领域，银行也会通过一系列的管理措施来防范这一风险。”

此外，理财专家表示，部分银行的白金卡也可向客户提供大额贷款。比如，建设银行与锦江国际酒店管理有限公司联合推出的锦江龙卡，其白金卡为高端客户设计了最高 20 万元的信用额度。如果客户的贷款额在 20 万元以内，大可使用这张白金卡，还可享受到免息期和积分反馈的优惠。

贷款毕竟是指“应急的钱”，客户应该根据自己的收入情况和贷款用途来选择产品。特别是根据自己每月的还款能力，考虑收入能否覆盖应还的款项。如果对资金的筹措能力强，那么可以选择较短的贷款期限，以及按月还款；如果资金的流动性差，那么可以选择较长的贷款期限，按月付息，一次结清本息还款。

三、个人贷款产品简介

个人贷款产品按照贷款用途细分可分为五大类，即个人购房贷款、个人汽车贷款、个人消费贷款、个人经营贷款、其他个人信贷业务，在此仅介绍个人购房贷款、个人汽车贷款、个人经营贷款三项常用的贷款品种。

（一）个人住房贷款的概念和分类：

个人住房贷款是指贷款人向借款人发放的用于购买自用普通住房的贷款。

1. 按照资金来源划分，个人住房贷款包括自营性个人住房贷款、公积金个人住房贷款和个人住房组合贷款。

2. 按照住房交易形态划分，个人住房贷款可分为新建房个人住房贷款、个人再交易住房贷款和个人住房转让贷款。

（1）新建房个人住房贷款。俗称个人一手房贷款，是指银行向符合条件的个人发放的、用于在一级市场上购买住房的贷款。

（2）个人再交易住房贷款。俗称个人二手房住房贷款，是指银行向个人发放的、用于购买在住房二级市场上合法交易的各类型个人住房的贷款。

（3）个人住房转让贷款。是指当尚未结清个人住房贷款的客户出售用该贷款购买的住房时，银行用信贷资金向购买该住房的个人发放的个人住房贷款。

3. 按照贷款利率的确定方式划分，个人住房贷款可分为固定利率贷款和浮动利率贷款。

个人住房贷款包含以下几个要素：

1. 贷款对象

个人住房贷款的对象应是具有完全民事行为能力的自然人。申请人还须满足贷款银行的其他要求，例如：

（1）合法有效的身份或居留证明；

（2）有稳定的经济收入，良好的信用，偿还贷款本息的能力；

（3）有合法有效的购买（建造、大修）住房的合同、协议以及贷款银行要求提供的其他证明文件；

（4）有贷款银行认可的资产进行抵押或质押，或有足够代偿能力的法人、其他经济组织或自然人作为保证人；

（5）贷款银行规定的其他条件。

2. 贷款利率

个人住房贷款的利率按商业性贷款利率执行，上限放开，实行下限管理。中国人民银行2008年10月27日公布新的个人住房贷款利率，个人住房贷款的下限利率水平为相应期限档次贷款基准利率的0.7倍，商业银行可根据具体情况自主确定利率水平和内部定价规则。

3. 贷款期限

个人一手房贷款和二手房贷款的期限由银行根据实际情况合理确定，最长期限都为30年。个人二手房贷款的期限不能超过所购住房的剩余使用年限。

4. 还款方式

个人住房贷款可采取多种还款方式进行还款。例如：一次还本付息法、等额本息还款法、等额本金还款法等多种方法。其中，以等额本息还款法和等额本金还款法最为常用。

5. 担保方式

个人住房贷款可实行抵押、质押和保证三种担保方式。贷款银行可根据借款人的具体情况，采用一种或同时采用几种贷款担保方式。

在贷款期间，经贷款银行同意，借款人可根据实际情况变更贷款担保方式。抵押物、质押权利、保证人发生变更的，应与贷款银行重新签订相应的担保合同。

6. 贷款额度

个人住房贷款中，对购买首套自住房且套型建筑面积在 90 平方米以下的，贷款的发放额度一般是按拟购（建造、大修）住房价格扣除其不低于价款 20% 的首期付款后的数量来确定；对购买首套自住房且套型建筑面积在 90 平方米以上的，贷款首付款比例不得低于 30%；对已利用贷款购买住房又申请购买第二套（含）以上住房的，贷款首付比例不得低于 50%。从控制风险的角度，个人住房贷款的首付比例应随购买住房套数的增加而提高。

（二）个人汽车贷款的含义和分类

个人汽车贷款是指银行向个人发放的用于购买汽车的贷款。

个人汽车贷款所购车辆按用途可以划分为自用车和商用车。自用车是指借款人申请汽车贷款购买的、不以营利为目的的汽车；商用车是指借款人申请汽车贷款购买的、以营利为目的的汽车。

个人汽车贷款的原则和运行模式如下：

1. 个人汽车贷款的原则

个人汽车贷款实行“设定担保，分类管理，特定用途”的原则。

“设定担保”指借款人申请个人汽车贷款需提供所购汽车抵押或其他有效担保；

“分类管理”指按照贷款所购车辆种类和用途的不同，对个人汽车贷款设定不同的贷款条件；

“特定用途”指个人汽车贷款专项用于借款人购买汽车，不允许挪作他用。

2. 个人汽车贷款的运行模式

目前，个人汽车贷款最主要的运行模式包括“间客式”与“直客式”两种。

(1)“间客式”模式。“间客式”运行模式在目前个人汽车贷款市场中占主导地位。该模式是指由购车人首先到经销商处挑选车辆，然后通过经销商的推荐到合作银行办理贷款手续。

简单来说，“间客式”运行模式就是“先买车，后贷款”。其贷款流程为：选车——准备所需资料——与经销商签订购买合同——银行在经销商或第三方的协助下作资信情况调查——银行审批、放款——客户提车。

(2)“直客式”模式。与“间客式”的“先购车，后贷款”相反，纯粹的“直客式”汽车贷款模式实际上是“先贷款，后买车”。

“直客式”运行模式的贷款流程为：到银行网点填写个人汽车贷款借款申请书——银行对客户进行资信调查——银行审批贷款——客户与银行签订借款合同——客户到经销商处选定车辆并向银行交纳购车首付——银行代理提车、上户和办理抵押登记手续——银行放款——客户提车。

个人汽车贷款主要包括以下几个要素：

1. 贷款对象

个人汽车贷款的对象应该是具有完全民事行为能力的自然人。

2. 贷款利率

个人汽车贷款利率按照中国人民银行规定的同期贷款利率规定执行，并允许贷款银行按照中国人民银行利率规定实行上下浮动。

3. 贷款期限

个人汽车贷款的贷款期限（含展期）不得超过5年。

4. 还款方式

个人汽车贷款的还款方式包括等额本息还款法、等额本金还款法、一次还本付息法等多种还款方式，具体方式根据各商业银行的规定来执行。

5. 担保方式

申请个人汽车贷款，借款人须提供一定的担保后措施，包括质押、以贷款所购车辆作抵押、房地产抵押和第三方保证等，还可采取购买个人汽车贷款履约保证保险的方式。

（6）贷款额度

所购车辆为自用车的，贷款额度不得超过所购汽车价格的80%；所购车辆为商用车的，贷款额度不得超过所购汽车价格的70%。

(三) 个人经营贷款的含义和分类

个人经营类贷款是指银行向从事合法生产经营的个人发放的，用于定向购买或租赁商用房、机械设备，以及用于满足个人控制的企业（包括个体工商户）生产经营流动资金需求和其他合理资金需求的贷款。

个人经营类贷款的最大特点就是适用面广，它可以满足不同层次的私营企业主的融资需求，且银行审批手续相对简便。个人经营贷款主要有以下几个特征：

1. 贷款期限相对较短

个人经营类贷款主要用于满足借款人购买机械设备或临时性流动资金需求，因此，贷款期限一般较短，通常为3～5年。

2. 贷款用途多样，影响因素复杂来源：

个人消费贷款主要用于个人消费，盲目性较低，而个人经营类贷款用于借款人购买设备或用于企业的生产经营，受宏观环境、行业景气程度、企业本身经营状况等不确定因素影响较多。因此，贷款用途多样，影响因素复杂。

3. 风险控制难度较大

个人经营类贷款除了对借款人自身情况加以了解外，银行还需对借款人经营企业的运作情况详细了解，并对该企业资金运作情况加以控制，以保证贷款不被挪作他用。因此，个人经营类贷款的风险控制难度更大。

个人经营贷款主要包含以下几个要素：

1. 贷款对象

个人经营贷款对象应该是持有工商行政管理机关核发的非法

人营业执照的个体户、合伙人企业和个人独资企业或自然人。

2. 贷款利率

利率不得低于中国人民银行规定的同期同档次利率的1.1倍，具体利率水平由贷款银行根据贷款风险管理相关原则自主确定。

3. 贷款期限

期限由贷款银行根据贷款风险管理相关原则确定，一般在1年以内，可延长至3~5年。

4. 还款方式

还款方式有多种，比较常用的是等额本息还款法、等额本金还款法和一次还本付息法。

5. 担保方式

借款人须提供一定的担保措施，包括抵押、质押和保证三种方式。

6. 贷款额度

额度由各商业银行根据贷款风险管理相关原则确定，通常各家银行会根据不同的抵（质）押物制定相应的抵（质）押率，有关抵（质）押率将成为贷款的额度。

明确资产配置的重要性

通过以上各章的介绍，我们了解了目前常见的各种理财工具。那么，哪种投资工具是最好的呢？实际上没有一个明确的答案。因为不同的投资者有不同的财富目标、不同的风险承受能力及不同的投资偏好；同时，不同的市场环境也需要配置不同的投资产品。实际上，想通过单一的投资品种实现自己的财富目标是非常困难的，可以说是几乎不可能。但现实生活中却存在大量的这样的投资者，他们一部分资金配置在银行存款中，另一部分资产几乎全部配置在了股票等高风险产品上。殊不知这样的投资是存在很大的隐患的，一旦投资失败，对于投资者的打击几乎是毁灭性的。所以，真正正确的理财观念是如何把自己的资产进行合理的资产配置。有研究表明，通过一个合理的理财规划将自己的资产做一个适当的配置，是能通过理财获取长期稳定收益的保证。

所以，坚持用资产配置的思想进行产品组合投资是非常重要的。

首先，通过资产配置可以使我们的投资组合多元化。现在投资产品的种类很多，有股票、债券、基金、黄金、保险等等。如果从投资理财市场的特点看，各个品种间往往存在着“跷跷板”现象。所以，作为一个比较稳健的投资者，应该把自己的资金分散到各个投资品种中去，根据自己的特点，进行一定比例的投资组合。实践证明，组合投资是避免市场风险的最好的方法。

其次，要根据自己对资金的需求，做到长短期投资的结合。有些人的资金在以后的一两年内有用处，而有些人的钱则是闲钱，可以做长期投资。每个人需要根据家庭和个人的需求，进行长短期组合投资。这样才能在保证流动性的基础上使自己的投资收益最大化。

再次，投资组合中，要调配好固定收益、风险收益的比例。每个人可以根据自己的资金状况、资金的未来需要以及各个投资市场不断变化的特点，调配好两者的比例。例如，当股市达到一定的价值低位区域时，可以适量增加投资股票的比例，适当提高风险收益产品的比例。

最后，投资者在投资组合中一定要切记，给自己留后路，千万不要把所有的钱都投进去。无论是为了家庭应付万一，还是在投资市场中面对众多的不确定性，手中有一部分活钱是非常重要的。

一般来讲，在进行产品的投资组合时，我们的指导原则是：当风险一定的条件下，保证组合收益的最大化；在一定的收益条件下，保证组合风险的最小化。具体来说，需要考虑以下几个方面的问题：

第一，进行证券品种的选择，即进行微观预测，也就是进行证券投资分析，主要是预测证券的价格走势及波动情况。

第二，进行投资时机的选择，即宏观预测，预测和比较各种不同类型证券的价格走势和波动情况。

第三，多元化。主要是指根据一定的现实条件，组建一个风险较小的资产组合。

总之，在任何的市场环境下，理性的投资者都很有必要坚持用资产配置的观念对自己投资产品的种类进行投资组合，在有效降低系统性风险的基础上实现收益的最大化，进而实现自己的财富目标，使自己成为一个成功的投资者。

后记

“旧时王谢堂前燕，飞入寻常百姓家”。以前说到理财，我们普通百姓都认为那是“华尔街”大老板们的事，离中国人的生活很遥远，是一件很神秘的事情。在中国经济飞速发展的今天，理财这个字眼，现已逐渐深入人心，成了大家热议的话题。从街头巷尾到新闻、报纸，从证券市场到银行理财，到处是一派繁忙景象。理财作为增加百姓财富、保障未来的投资手段，已深深融入寻常百姓的生活。

经济发展和收入提高催生了理财需求。在计划经济时期，个人、家庭参与商品和货币的交换活动极不活跃，特别是广大农村，不少还处于自给自足的自然经济状态，基本上没有盈余，因此也就谈不上理财。改革开放 30 多年来，老百姓的收入不断增加，有了一定的盈余。但是，我们有不少人在现实中感到，虽然收入增加了不少，但财富不多，是什么原因造成的呢？通俗地讲，就是不会理财。在经济“列车”高速奔驰中，我们的思想相对落后了。经济的市场化过程在不断加快，参与交换的商品货币化程度也在不断深入，货币在突破了时间和空间限制来有效配置资源的同时，也推动了生产要素和生活消费品的价格货币化，带来物价的持续上涨。如果物价超过居民生活承受能力，则意味着发生了通货膨胀，就是货币贬值。如果我们的收入增长赶不上通货膨胀，那么我们的财富就面临“缩水”。举一个简单的例子：10年前济南的房价每平方米不足2000元，老百姓的10万元可以买到50平方的住房，到2010年10月份，济南的商品住房平均价格到了每平方米8900元左右，10万元只能买到10平方米的卫生间，购买力降低了。这就说明，作为“有产者”的普通百姓，必须通过理财来使财富保值增值，才能避免购买力“吃亏”。因此，学习相关的理财知识势在必行。

理财就像滚雪球，人人都希望自己的财富就像滚雪球一样越滚越大，但常常事与愿违，并不是所有人都能实现这个想法。因此，滚雪球的方法就是至关重要的。怎么滚？如何滚？这就需要技术和技巧。本书就是教您如何去理财，才能把您的财富雪球越滚越大。正像本书一直强调的那样，真正科学的理财方法是在了解了自己的风险承受能力后合理地配置不同风险度的产品，让财富在避险的前提下实现稳定增值。目前，市面上关于理财的书籍不少，但总感到太深奥，不够简洁。本书力求通俗，从普及理财知识的角度，为广大读者介绍了一些目前市场上常见的理财产品，希望通过本书，能够为不断成熟壮大的理财专业人员队伍和有兴趣的读者提供一定的帮助。

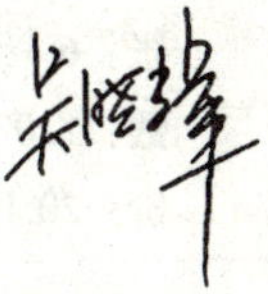

图书在版编目（CIP）数据

个人理财／李永健主编．—济南：山东友谊出版社，2011.1

ISBN 978-7-80737-802-0

Ⅰ．①个…　Ⅱ．①李…　Ⅲ．①私人投资—基本知识　Ⅳ．①F830.59

中国版本图书馆 CIP 数据核字(2011)第 011510 号

主　　管：山东出版集团
集团网址：www.sdpress.com.cn
出版发行：山东友谊出版社
地　　址：济南市英雄山路 189 号　　邮编:250001
电　　话：总编室(0531)82098756　82098142
发行部(0531)82098035（传真）
印　　刷：潍坊彩源国标印刷包装有限公司
版　　次：2011 年 1 月第 1 版
印　　次：2011 年 1 月第 1 次印刷
规　　格：145mm×210mm
印　　张：6
字　　数：120 千字
定　　价：20.00 元